銀行に生き、地域に生きて

町田　睿

推薦によせて

推薦によせて

佐々木　毅

町田睿《さとる》さんは秋田高校の五年先輩であり、当時からよく知られた先輩であった。お父さんからは高校で日本史を教わり、弟の侃《つよし》君とは秋田高校で同学年であったこともあって、町田家は有名な一家であった。この数年は時々お目にかかり、経済や大学のことなど、いろいろとお話をうかがう機会も増えている。

経済人のお書きになったものを拝読する時、経営上のご功績を耳にするのは当然として、一般の読者はそれだけでは物足りない感じが残るのも否めない。業績赫々たる経営が容易でないことは十分分かっているつもりであるが、同時にそれを越えた何かを読者は求める。

それは多くの場合、日本社会や地域への熱い思いや情熱などであることが多い。同じ経営者であっても、この基準に合致する経営者もいれば、そうとも言えない経営者もいる。この基準に合格した経済人を数多く持つ社会は幸せであるが、そういう経営者はだんだんと少なくなったとの声もある。

本書はこうした基準に合格する秋田が生んだ一人の経済人の魂の声を収録している。本書が多くの人に読まれ、続々と優れた経済人が秋田から誕生することを期待したい。

（ささき・たけし　元東大学長、美郷町出身）

目次

銀行に生き、地域に生きて

■ 都銀で鍛えられた

■第二部　月曜論壇

■第五部　父へ捧げる鎮魂歌

■年譜

■第一部　時代を語る

「第一部」は秋田魁新報の連載記事「シリーズ　時代を語る」（2015年4月14日～5月29日）をまとめたものです。一部加筆、修正しました。

（聞き手＝高野正巳）

■挫折しつつ、学んだ

支えがあっての叙勲

「人間万事塞翁《さいおう》が馬」というように人の幸、不幸は見通せませんが、僕は一昨年（2014年）から昨年にかけ、めでたいことが続いています。一昨年秋には、叙勲を頂きました。人生の第二部、地方銀行生活21年間の実績の評価ということですが、とんでもない。一緒に働いてくれた仲間の支えがあったからです。お客さまからの支援と協力、そして地元の皆さんの理解と指導のたまものです。

一昨年喜寿を迎え、昨年2月に満77歳になりました。43歳の時に胃の摘出手術を受けているので、それから34年間も生き永らえました。また、同じ2月には妻と所帯を構えて金婚の50年になりました。

秋田に生まれ、高校卒業まで秋田で育ちました。大学進学で上京して都市銀行に就職し、東京育ちの妻と結婚して男の子3人に恵まれました。こう言うと平凡に見えるかもしれませんが、自分としては波瀾《はらん》万丈の人生で、数々の面白い経験をさせてもらいました。

サラリーマン競争を上り詰め損なって、都銀常務から一転、山形県の荘内銀行に転じました。人生第二部は古里の手前で終わるかに思われましたが、郷里秋田の北都銀行との経営統合の話が舞い込みました。持ち株会社のフィデアホールディングスを立ち上げ、北都銀行では斉藤永吉頭取の相談相手を務めている——というのが、人生の粗筋です。

都銀時代から宴席では東海林太郎の「国境の町」を歌い、酔えば秋田音頭でお国自慢をしたものです。少子高

叙勲を受章し、妻の圭子さんと＝2014年11月

齢化と人口減少が進む郷土秋田のために同志を募って再生ののろしを上げ、旧態依然たる勢力に命懸けで挑戦状をたたきつけることで、恩返しをしたいと思っています。

生まれ在所は千屋村

僕は松田知己美郷町長の委嘱を受け「美郷大使」になっています。旧千屋村で生まれたからです。大使は他に、千屋村出身で東大学長を務めた佐々木毅さん、美郷町で個展や講演会を開いている絵本作家の永田萌さん、父が千屋村生まれの美術評論家高階秀爾さんがいます。

僕の両親は共に師範学校出の小学校教師でした。結婚したのが１９３６（昭和11）年で、父が28歳、母は26歳でした。見合い結婚で、当時としては晩婚です。

当時、教師同士で結婚すると同じ学校に勤めさせることが珍しくなかったようで、両親とも千屋小学校に勤務しました。長男として生まれたばかりの僕は、母の授業中はお手伝いの少女におんぶしてもらい、昼になると母が僕に乳を含ませていたそうです。

　母によると、父には小学校教師としての情熱が感じられず、高等教育の場で授業をしたいように見えたそうです。当時は高等師範学校を卒業しなくても、国家試験に受かれば旧制高校の教員資格を与えられたということで、父はひそかに受験の機会をうかがっていたようです。

　僕が生まれた翌年、父は上京して「哲学概説」の試験を受けました。2次試験の口頭試問の試験官は著名な哲学者の田辺元《はじめ》先生だったといいま

松田美郷町長が進行役のシンポジウムに美郷大使として出席（右）＝2013年10月

す。この年に哲学概説の合格者は全国で父だけだったそうで、わが家の誇りでした。

合格を機に父は40年、旧制秋田中学（現秋田高）の教師になり、母も秋田市内の小学校へ転勤となって、以来、僕の家族は秋田市に住むことになったんです。僕が千屋にいたのは1年かそこらでした。

僕が大学に入学した58年の夏、父は僕を千屋に連れて行き「おまえはあの真昼岳を見て育ったんだ」と教えてくれました。父が懐かしそうに千屋小の周辺を散策していたことが思い出されます。

しつけ厳しかった母

僕の父は内小友《うちおとも》村（現大仙市）のおけ屋の末っ子で、母方は秋田市東通明田の地主の家系です。裕福ではなかった父と豊かな家庭で育った母の組み合わせは、良くも悪くも僕の人格形成に影響を与えています。

貧しいと尋常小学校を出てすぐ働くのが一般的でしたが、幼いころの父は頭が良かったらしく、周りの勧めで秋田男子師範学校に入れてもらったようです。母は教育一家で育ちました。8人いる母のきょうだいもほとんどが教師になっています。

父母の家族は気風が違いました。父方は貧しい中でお互い、いたわり合うような家族でした。母方は独立自尊の「他人に迷惑を掛けちゃいけない」という家系です。だから、母のしつけは厳しかったですね。

小さいころ、夢に幽霊が出てきて、一生懸命逃げたんです。夢の中で寝室から台所へ行き母にすがり

富士銀行入行後（右）、帰省して両親と

ついて助けを求めると、振り向いた顔は般若になっていました。母のことをそれほど怖く思っていたんでしょう。

僕は小学校に入ってもおねしょが治らず、ある夜中に見つかり、母にこっぴどくたたかれたことがありました。そしたら父が何を思ったか、無言で母をひっぱたいたんです。「寝小便を怒っても仕方ないじゃないか」という気持ちだったんでしょうが、父にもこんなふうに、母とは違った怖さがありました。

父は戦争中、教え子がたくさん持ってきてくれた納豆を近所にお裾分けするような優しい面がありました。しかし戦後は食うに困り、山奥の農家までコメの買い出しに行ったのは母でした。

生活能力がない人でしたね。父自身、生活能力がないことへのコンプレックスもあったのではないでしょうか。

今昔物語に「とりかえばや物語」ってあるでしょう。若君と姫君が入れ替わる話。僕は時々、父が母で、母が父だったらなと思ったものでした。

実は「さとし」だった

父には貧しい家庭に育ったコンプレックスに加え、名前への劣等感もありました。父の名は、與太郎《よたろう》と言います。母は倫子《みちこ》でした。與太郎は、落語に出てくるちょっと間抜けな主人公と同じ名前です。

旧制秋田中学生が付けたあだ名は「ヨタさん」でした。生徒は親しみを込めて呼んでいたのだと思います。父は口には出しませんでしたが、屈辱だったのではないでしょうか。自分の名前へのコンプレックスから、子どもの名前にはこだわったようです。いつだったか、酔った父は僕ら息子たちに「名前が気に食わなければ、20歳になったら変えていい」と言いました。

僕は4人兄弟の長男で、すぐ下が「侃《つよし》」、3番目が「仁《まさし》」、一番下が「義《ただし》」。僕の名前の「睿」は「さとる」となっていますが、父は「さとし」と読ませるつもりだったはずです。

「睿」は、昔の中国にいた天子の名から取ったようです。漢和辞典を引くと、「睿」は「さとし」とは読みますが、「さとる」という読ませ方は見当たりません。

なぜ「さとる」なのか。ここにも裕福な母方への遠慮というか、負い目が父にはあったと思われます。

僕は母の実家では、外孫ながら最初の孫だったため、かわいがられていました。おじ、おば、祖父母がみんな僕を「さとる」と呼んでいたんです。それに対し父は「違います。『さとし』です」と訂正できなかったようです。

でも、僕も「本当は『さとし』です」とはあえて言っていません。「さとし」だといかにも賢そうじゃ

秋田師範学校付属幼稚園のころ（右上）

ないですか。「さとる」だと「今は悟ってないけれど、これから悟るよ」という感じがしませんか。

当時の出生届の名前を書く欄に、振り仮名が付いていたのかどうか。今度、確かめてみる必要がありますね。

疎開先では伸び伸び

教師だった両親は長男の僕をいい学校に入れたかったようで、秋田師範学校（現秋田大教育文化学部）付属の幼稚園、付属小学校に入学させ、秋田大付属中学校に進ませました。

幼稚園、小学校では秋田市内の比較的裕福な家庭の子たちと一緒でした。貧しい家庭で育った僕は、万事につけ引け目を感じる、いじけた子だったように思います。

小学校時代、終戦の直前に父の実家がある内《うち》小《お》友《とも》村（現大仙市）へ疎開しました。2カ月ほどの短い期間でしたが、秋田市とは違い、はだしで通学し、級友同士で名前は呼び捨てという、伸び伸びとした環境で楽しく過ごしたことが思い出になっています。授業参観に来た母は、先生の質問に真っ先に手を挙げて元気よく答えている僕を見て驚いたと語っていました。

終戦直前に旧ソ連が参戦したこと、原爆投下で広島が大きな被害に遭ったこと、秋田市の土崎が空襲を受け、その翌日に隣家のラジオで玉音放送を聞いたこと…。いずれもきのうのことのように覚えています。

終戦から間もなく秋田市に戻りましたが、借家の持ち主が満州から引き揚げてきたため、母の実家へ転がり込みました。このころ、女性たちは秋田市内で魚を買い、コメと物々交換するため仙北の山奥の

秋田大付属中学校のころ

農家へ出掛けていました。

母は僕を連れていき、途中で神宮寺（現大仙市）の親類宅に僕を預けていくんです。そこでは「啓ちゃん」こと、母のいとこの小林啓一さんが相手をしてくれて、青年会の演劇公演に連れて行ってくれました。菊池寛作「父帰る」の劇を見て感動したものです。

長男だった僕には、兄が欲しい気持ちがあったのでしょう。その後も情操教育は、憧れの兄貴分である啓ちゃんから受けました。啓ちゃんは秋田大を卒業して教員になり、定年後は俳句を楽しんでいます。

川で流され「あわや」

小学校2年生の夏に終戦を迎え、その秋に僕らは疎開していた内小友村（現大仙市）の父の実家から秋田市へ戻りました。間もなく、兄弟、いとこが集まるたびに話題になる出来事が起きました。

ある日、僕と5歳下の弟、それにいとこの女の子2人の計4人で、近くの川に行きました。川べりの土にトンネルを掘り、小さいバケツで川からくんだ水を流して遊んでいたんです。

弟に水をくみに行かせたら、頭から川に落ち、お尻だけがぽっかり浮いていました。「あっ」と思った瞬間、僕は飛び込み弟を抱きかかえましたが、2人とも流されてしまいました。

周りに人家はなく、「助けでけれ！」と叫んでも、反応はありません。僕は以前にラジオで聞いたニュースを思い出しました。「川に落ちた幼い弟を助けようと飛び込んだ兄が、弟ともど

大学時代（右）に弟3人と。左から3男の仁《まさし》、2男の侃《つよし》、4男の義《ただし》

も流されて死んだ」というニュースです。

幸いにも浅瀬に流されたおかげで足が川底に着き、助かりました。心底ほっとしました。僕と弟はずぶぬれのまま、いとこ2人と一緒に、とぼとぼと夕暮れの道を家に帰りました。

家に着くと、いとこの父、つまり僕の叔父がちょうど来たところでした。いとこは叔父に飛び付き、僕らが危うい目に遭ったことを伝えるうち、泣きだしてしまいました。「あわや」の事態を目の当たりにし、怖くて泣きたい気持ちを懸命に抑えていたのでしょう。

その時、玄関の周りに咲いたコスモスがほほ笑むように風に揺れていました。そよぐコスモスと、いとこの涙。印象的な場面だったので高校時代、作文に書きました。先生には「表現が稚拙」と酷評されましたが。

振り返ると、僕は長男として、年が離れた弟たちをかばう気持ちが強かったのだと思います。弟3人にすれば、そんな兄はうっとうしいようでした。

バスケ通じ学力向上

学業成績は小学校4年生で人並みになり、6年生で少し上にいったかなという感じです。その後、秋田大付属中学校に進み、驚くほど伸びたんです。

中学校では友人の寺田弘君（新潟薬科大学長）の誘いでバスケットボール部に入りました。そしたら勉強の成績がグンと良くなり、2年生の時に学年で1番になりました。母がそれを聞いて「うれしくてどうやって家にたどり着いたか分からないほどだった」と言っていました。

勉強時間を増やしたわけではありません。僕は小さい時から虚弱でしたが、部活動のおかげで丈夫になり、勉強にもいい影響を及ぼしたんです。集中力がつき効率が上がったという側面があったかもしれません。

僕はひょろっとしていて、バスケット部では大きい方でした。ポジションはセンターやフォワードでした。秋田市の大会で優勝し、全県の準決勝で角館中に敗れました。角館中の選手の体格は高校級でした。中学校時代の思い出といえばバスケットですね。

当時は勉強というより、新しい知識を学ぶことが好きでした。一つの物事をずっと考え続けることには意外に自信がありました。後に大学浪人の時、「高校レベルじゃ絶対解けない」と友人が言う数学の問題を解いて、予備校の先生に見せたんです。普通の発想とは違っていたようで「そうか、こういう解き方もあるのか」と、先生が驚いていました。

だから詰め碁も得意です。父の影響で大学で覚え始め、富士銀行では囲碁部長もやりました。五段の腕前です。今は碁の時間が全く取れませんがね。

ただ、読書は駄目でした。虚弱な体の中でも特に目が弱く、眼精疲労がひどいので。それに、本は端書きから読まないと気が済まないんです。遅読です。「本は何度でも読め」という

秋田大付属中学校のころ（後列右）、バスケット部の仲間たちと

父の教えも影響していたと思います。だから生涯の読書量は恥ずかしいぐらい少ないんです。

秋田高の敷地で生活

秋田大付属中学校から、秋田高校に進みました。秋田高には全県から秀才が集まると聞いていました。当時は1クラスに50人前後いて、1学年に10クラスありました。僕は「1D（1年D組）」になり、ここで仲良くなった平山廉三君（能代市出身、後に埼玉医科大教授）は生涯の友です。

2年生の秋に生徒会長を務めました。自分でやりたいと言ったわけじゃなく、1年上の先輩に推されたんです。覚えているのは、応援練習の改革です。

当時の秋田高の応援練習は厳しかったんです。僕は強制して応援させるとは何事だと思っていました。応援団が下級生を出身中学校別に集めて気合をかけているのに、かちんときていたんです。それで生徒総会を開き「強制はいかん」ということにしました。当時の僕は随分と左翼的な考えでした。

このころ僕ら一家は秋田高の敷地内に住んでいました。父が秋田高の教師だったので、敷地内に4軒ある教員住宅の1軒に住んでいたんです。昼食は家に帰って食べていました。

終戦後に疎開先の内《うち》小《お》友《とも》村（現大仙市）から、秋田市の母の実家に転がり込みましたが、母の妹家族も満州から戻り、手狭になりました。父は「迷惑を掛けられない。内小友に戻ろう」と転任願を校長に出したんです。僕が小学校3年生の時のことです。

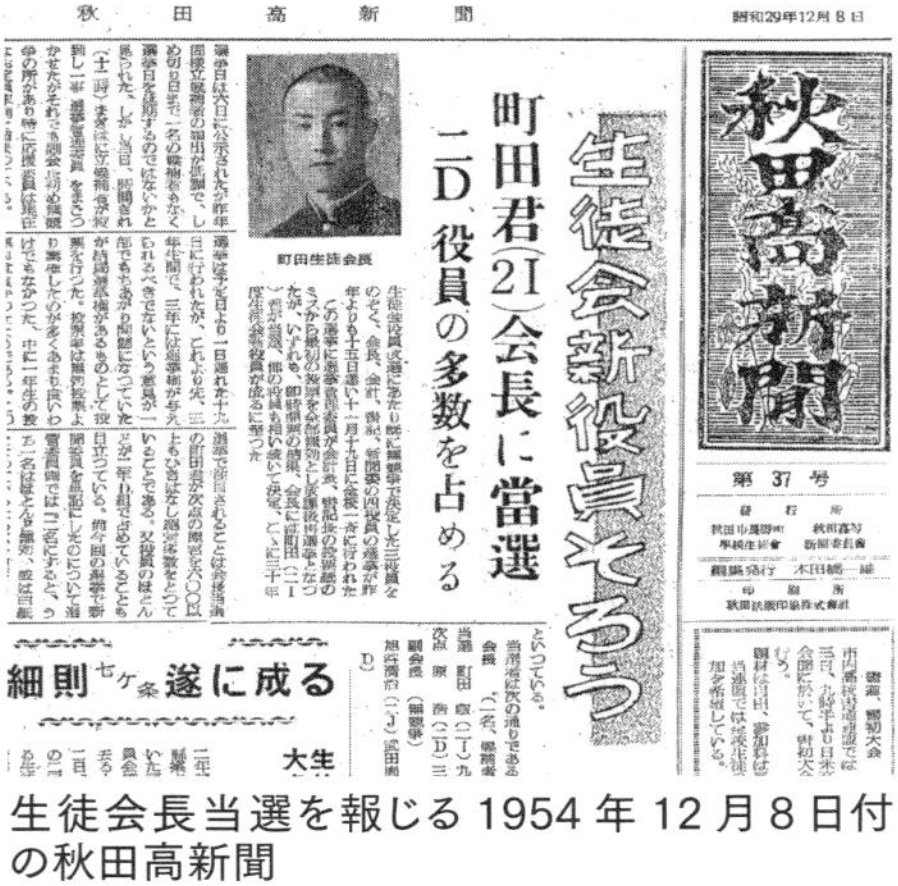
秋田高新聞　昭和29年12月8日

秋田高新聞

第37号

生徒会新役員そろう

町田君(2I)会長に當選

二D、役員の多数を占める

町田生徒会長

細則七ケ条遂に成る

生徒会長当選を報じる1954年12月8日付の秋田高新聞

事情を聴いた校長は同情して、保健室の脇にある一間の部屋に住まわせてくれることになったんです。その後、教員住宅が高校の敷地内にでき、僕らは優先的に入れてもらいました。それはありがたいんですが、常に秋田高の敷地内にいることには、複雑な気持ちでしたね。

自分が通う学校で父が教えているというのもストレスでした。父の同僚の先生たちに「町田先生の息子の成績はどんなものなんだろう」と見られているような気がしたものです。

体調崩し受験に失敗

僕は1956（昭和31）年3月に秋田高校を卒業し、58年に東大に入りました。2浪しているんです。「1浪ぐらいは」とは楽観していましたが、2浪決定は本当にショックでした。

高校で生徒会長を務めたり、英語弁論大会に出場したりしてあまり勉強しなかったのは確かです。また受験が迫る中、父が体調を崩して胃がんだと言いだし、父の検査結果が気になって落ち着きませんでした。大ごとでなくほっとしましたが、受験はうまくいきませんでした。

夏の終わりに上京し、何十人も東大合格者を出している予備校に通いました。年末の模擬試験ではコンスタントに10位以内に入り、大丈夫だろうと思いました。ところが試験直前に体調を崩してしまったんです。

試験は3月3～5日でした。医者に通いながら

東大入学直後、駒場の大講堂で仲間たちと（前列右）

初日と2日目は受験しましたが、最終日は高熱でダウンしました。1、2日目が高得点でも、最終日の物理と化学が0点ではやはり無理です。その挫折感ときたら強烈でした。自殺を考えるほどの心理状態に陥りました。

2浪目の年、父の友人に防衛大学校受験を勧められました。僕は左翼に共感していましたが、腕試しに12月の試験を受けました。満点が100点の試験で、北海道・東北の受験生で90点以上は僕だけだったそうです。

羽越線に揺られ、2次試験の面接と身体検査の会場がある新潟県新発田市に向かいました。「東大に落ちたら自衛官になるのか」と、冬の日本海を眺めて複雑な心境になったことを覚えています。

この年の東大の試験に向けては、健康管理だけはきちっとしました。合格した時はほっとしました。

東大に何のために進むのかは、考えていませんでした。官僚になって日本を良くしようとか、銀行員になって日本経済を何とかしようというのはなかったんです。世間知らずでした。

「監獄生活」の2年間

東大1、2年生の教養課程は東京の駒場キャンパスで授業を受け、構内にある「駒場寮」で生活していました。今はなくなりましたが、24畳の部屋に6人が住み、「監獄」と呼ばれていました。寮のイベント「駒場祭」には女の子が多く来て、この監獄を見て喜んでいました。

2浪して年を食っている分だけ、教養課程ではさほど勉強しなくても、成績が良かった。第2外国語のドイツ語、憲法、民法、刑法など法律関係は全部「優」でした。文系の嫌がる数学、物理も優でした。

3年生になると、家計状態を問わず成績次第で奨学金を得られます。僕は1、2年生での成績が効いて、奨学金をもらえました。

友人に東京学芸大を卒業して東大に入り直した兄貴分がいて、いろんなことを教わりました。新宿でこの兄貴分や仲間と洋書の読書会をやったものです。当時の新宿駅西口周辺には屋台がひしめいていました。その飲み屋街で酒をあおって焼き鳥を腹に入れながら、夜っぴて洋書を読んだことが懐かしく思い出されます。

2年生の時には「フェニックス」というサークルを同級生たちとつくりました。何をするでもなく、寮内にあったサークル用の一室を確保して、毎晩飲めや歌えやの宴会です。強いて言えば、人生を語るサークルでした。今思うと

東大入学直後、駒場キャンパス

親に申し訳ないですね。

60年安保の少し手前とあって、学生運動が激しくなり、駒場寮も騒々しくなりました。寮の玄関は学生が築いたバリケードで封鎖され、窓から出入りする日々でした。

ある日、学生運動に関わって逮捕状の出ていた1人の東大生が寮に逃げ込んできました。彼をかくまうべきか、出て行ってもらうか、全寮大会を開き激論を戦わせました。結論が出ないまま、彼はその後のデモで先頭に立って行進していたところを逮捕されました。

銀行訪ねたら「内定」

東大の3年生になり、専門課程では東京の本郷キャンパスの法学部に進みました。駒場寮から「同志会」に移りました。同志会はキリスト教主義に基づいた生活をする東大生の寮です。

宗教にはさほど興味はなかったものの、ヨーロッパ文明の象徴としてのキリスト教には関心がありました。安く住めるのも魅力でした。

のどには自信があったので、日曜日に通っていた教会の聖歌隊の一員になりました。仲間は独唱パートを僕に任せようとしましたが、牧師が「町田君は洗礼を受けていないから」と拒んだので、仲間が僕に洗礼を受けさせようとする一幕もありました。

富士銀行への入行は、同志会の先輩に勧められました。「三菱銀行を考えているようだが、何のつてもない君は、自由闊達《かったつ》な企業風土の富士銀行がいいよ」と言われたんです。

東大の3年か4年のころ（後列中央）、同志会の仲間と

春の会社訪問で採用担当の先輩を訪ねると、「ちょっと待ってくれ」と人事課長を紹介され、さらに人事部長の面接まであり、帰りに「他社を受けないでくれ」と言われました。国家公務員試験も受けようと思っていましたが、事実上の内定をもらってしまったので、受験意欲をなくしました。

その後、あらためて富士銀行の会社説明会に行きました。一般的には人事担当者が説明するんでしょうが、富士銀行は3人の先輩行員に話をさせていました。それぞれに個性的で、面白そうな銀行だと思いました。そう感じさせるのが狙いだったのでしょう。その後、7月の正式な面接を経て、採用が決まりました。

二つ、三つと内定を得ていた友人もいましたが、強く勧めてくれた先輩がいたし、「実質的に内定だから動かないでくれ」と言われると断れません。僕には気が弱いというか、人を裏切れない面があるんです。それでも振り返れば、富士銀行に入って良かったと思っています。

■都銀で鍛えられた

上野支店で青春謳歌

1962（昭和37）年、全国一の預金量を誇る富士銀行に入りました。最初の配属は預金量が全店で10番以内に入る上野支店です。初めは仕事が面白いと思えませんでした。思い出というと、アフター5と独身寮での生活、それに淡い恋ですかね。

アフター5は従業員組合の「青婦人部」の活動です。若い男女が集まり、組合活動名目で遊んでいました。英会話のサークルでも活動しました。青婦人部も英会話サークルも半数は女性で、青春を謳歌《おうか》しました。

富士銀行に入って初めて、女性が常にそばにいる環境に出合いました。同じ支店に、年上の気になる女性がいました。クラシック鑑賞が好きな女性でした。小澤征爾さんが指揮する音楽会など何度かデートをしました。残念ながら成就はしませんでした。

僕が入行した春にちょうど、千葉県船橋市に独身寮が新築され、同期十数人と一緒に住みました。休日は同期で房総半島を巡ったりしていました。

4年目になると自分の裁量である程度は融資を仕切れるようになり、やりがいを感じ始めました。支店長が決裁する融資の可否を事実上、決断できるようになったんです。支店長決裁をもらって取引先に出向き「社長、融資OKです。頑張ってください」という感じです。

ある会社に、預金を担保にして融資したことがありました。預金という裏付けがあるので安全と思っていました。そしたら、僕とやりとりしていたその会社の経理課長が、返済すべき金を持ち逃

上野支店時代、独身寮の仲間と房総半島で（右）

げしたんです。

その会社からは「返したはずだ」と文句が来ます。だけど経理課長が持ち逃げしたので、入金されていません。幸い融資関係の書類にその会社の経理部長の印鑑が押されていたため先方も渋々納得し、最終的に返済されました。

しかし、持ち逃げされたショックはかなりのものでした。胃潰瘍になったほどです。

担当した会社が倒産

振り出しの富士銀行上野支店での仕事で、忘れられない出来事があります。その件で僕は、中小企業の一つの側面を知りました。

僕は、ある自転車部品メーカーへの融資を担当していました。僕が上野支店から本店営業部に異動して半年後、そこそこ大きかったその会社は倒産しました。ショックでした。

そう言えば、と思い当たることがありました。上野支店時代に僕がその会社を訪ねると、社長はいつも応接室に通して、とても大事にしてくれたんです。ただ、執務スペースを見せないようにしていることが、気になってはいました。

実はその会社の帳簿が粉飾だらけだったことを、後で知りました。見抜けないまま融資していたんです。僕が異動した後、その会社の社長たちは上野支店長を訪ねて「町田さんには大変お世話になりました」とわざわざお礼に来たそうです。部

入行して最初に配属された富士銀行の上野支店（1968 年当時）

下が感謝されると、支店長も機嫌がよくなります。

その後、上野支店は社長の依頼に応じて、追加の融資をしたそうです。支店長は代々、ベテランが務めているんですが、その会社と親密な関係だったということで、つい信用してしまったんでしょう。

やはり、製造や執務の現場を見なかったのが良くなかったんです。同業者から「この世界では投げ売り、安売りに走ると危ない。あそこがやっていたよ」と、くだんの会社を指して忠告してくれたんですが、僕は気に留めることなく聞き流してしまったんです。

危険かもしれない融資には兆候があるものなんです。それを見抜くことができるのが担当者、次に分かるのが支店長。融資の可否を最終的に決断する本部の審査部では分からないということを、身に染みて理解しました。

この件で僕が責任を問われることはありませんでしたが、銀行マンとして、後々までいい経験になりました。

愛妻は大切な「戦友」

4歳年下の妻圭子とは、1965（昭和40）年に見合い結婚しました。上野支店に勤務していたころです。当時、年上の女性に失恋したばかりで結婚は考えていなかったんですが、支店次長の勧めで渋々見合いに臨みました。

次長のお宅での見合いに、妻は両親と来ていました。僕が着いた時、妻はまだ席におらず、妻の両親と話をしました。とても立派なご夫婦で、先に両親にほれ込んでしまいました。

僕は成長志向が強く、絶えず目標を持ち挑戦したいと思っていました。交際していく中で妻は「この人に付いていけるだろうか」と思ったようです。僕も「成長志向のない女性はどうなのかな」と思い、次長に「まだ結婚は早いです」と言った記憶があります。

人生観の違いに戸惑った妻は父親に相談したそうです。最終的に父親に「こんな良縁はもうないよ」と説得され、「自分が心して頑張り、付いていけばいいんだ」と決意したというのが実態のようです。

結婚後、当時の話が出るとお互いに「もう少し強く嫌だと言えば良かったじゃないか」と言い合いになったものですが、今は、なくてはならない存在だと自信を持って言えます。理想とは違う相手だったかもしれないが、いい縁だったと感謝しています。昨年（2015年）2月6日には晴れて結婚50年になりました。

振り返れば、仕事一筋で頑張れたのは妻のおかげです。息子3人の子育ては任せきりでした。息子はそれぞれ家庭を築き、孫は7人います。

かつて先輩が自分の妻のことを「戦友」と言っていました。当時は妙な表現だと思いましたが、今は理解できます。妻は僕の戦友です。

見合いし、婚約していたころ。1965年に結婚した

僕が思うに、実生活を伴う結婚と異なり、恋は「誤解の期間」です。誤解が解けたとき、こらえ性がないと別れちゃう。愛は時間をかけ理解し合う中で固まるもので、恋とは別物ではないかと思います。

債権回収にも「哲学」

東京オリンピックから2年後の1966（昭和41）年、上野支店から本店営業部に移りました。取引先の大半が大企業です。融資額も大きいので、場合によっては決裁に頭取を含め20人以上の印鑑が必要でした。

僕自身も大手の商社や電機メーカーを受け持ちましたが、最初に手掛けたのは倒産した大企業の債権整理でした。お金を回収する側としての哲学を学びました。

あるメーカーの倒産処理をめぐっては、取引していた全国各地の小売店から現金を回収せざるを得なくなりました。実直な店主たちは「もう少し待ってくれ」と言いながら、何とか払おうとするんです。概して東北の人たちです。

頭を下げる店主を見て「おやじさん、もういいよ」という言葉が、喉元まで出かかったものです。

逆にお金があるのに返さない人もいます。良くも悪くも、金は人を見て貸すものだということが分かりました。

当時は高度経済成長期で、借り手がいくらでもいる時代でした。僕のような若造が、大手企業の社長を平気で待たせていたんです。上野支店でも先輩から「融資申し込みをいかに断るかが貸付係の腕だ」と言われたことがありました。

富士銀行本店(1999年当時)。4年勤めた上野支店から移った

借りたい人が多過ぎ、全てに応えられないのは確かでした。まだ自動車メーカーでさえプライムレート（最優遇貸出金利）が適用されていない時代でした。

でも僕は取引先の夢や希望に共鳴し、せっせと融資実行のために稟議《りんぎ》書を書きました。融資をできるだけ断りたい審査部には随分、意地悪されました。

富士銀行はじめ都市銀行はその後、徐々に中小企業や個人へと融資先を広げます。銀行が威張って貸出先を選べた時代から、小口も大事にしなければならない時代に変わっていきました。

それが現在では、借りてくれる人がいません。大変な時代の変化ですよ。

組合活動にやりがい

本店営業部では融資関係の書類を書く仕事に追われました。そのころ富士銀行の従業員組合が設立20周年の記念論文を募集していました。興味はありませんでしたが、「何でもいいから書いてくれ。応募が少ないんだ」と頼まれ、仕方なく出したんです。

そしたら周囲から「組合やるのか」という反応が出始めました。結局、本店営業部の中央委員にされたんです。その途端、不当配転問題が起きました。営業部の女性行員の1人が、自宅から2時間かかる支店への転勤を命じられたんです。銀行側は「通えないから退職する」と言うのを狙っていたようです。

組合員たちは憤慨していました。中には左翼系の組織に属している組合員もいて、組織の影がちらつくんです。その組織は「経営側につくのか、われわれと共闘するか」と見ている感じです。僕らは悩みました。

銀行側に非があるにしても、外部の左翼系組織と共闘して介入されたら、組合の独自性を守る上で問題です。当の女性が民事裁判の準備をしていると聞き、組合として「撤回しないと裁判になりますよ」と銀行側に伝え、後は成り行きを見守ることにしました。この件は後に僕が組合の委員長を務めた時期に和解して決着しました。

面白いもので、組合活動に携わって、銀行員として新たなやりがいを感じました。当時は行員の浄財である組合費で家族を養ってもらっていました。みんなのためという思いが使命感を高めたんです。

それは、本来の銀行業務に組合活動ほどの充実感を覚えなかったことの裏返しかもしれません。業務が面白くて仕方ないと思えるようになるまでには、それなりに時間がかかる気がします。

本店営業部時代（後列右端）に職場の仲間と

人事や採用の権限を持つ人が、若い行員はすぐに仕事を面白く感じてくれると思うのは、甘い認識かもしれません。修業の期間はやはり必要です。

責められ辞職を決意

従業員組合の中央委員や専従執行委員を務め、東京の日本橋にある室町支店で支店長代理として勤務した後、本部の業務部に配属になりました。最も大きな部で活気があり、僕は企画や統括の仕事を受け持ちました。

このころ、田中角栄首相が日本列島改造論を打ち出し、かなりのインフレになってきていました。銀行業界としては、インフレで目減りする個人預金を何とか保護したい。そんな時、大蔵省（現財務省）から法人・個人の預金分離の導入案が内々に示されました。法人の預金には安く、個人には高く金利を設定する案で、大蔵省はかなり本気で水を向けてきたんです。

こうした話は都市銀行上位6行の業務部調査役の会である「楽友会」で検討し、業界の意向を取りまとめて大蔵省と交渉していました。当時、僕はこの会のメンバーでした。

この案を持ち帰って、本部各部の関係者を集め、協議しました。「一物一価」の原則を崩すことになるので、僕は「反対すべきだ。一物一価でないといろんな面でゆがみが出る。筋が通らない」と主張しました。各部も同調し、拒絶の方向でまとめ、業界としても反対することになりました。

ところが後日、個人取引係から異論が出てきました。みんなで話した時は何も言わなかったの

日本列島改造問題懇談会であいさつする田中角栄首相＝1972年12月、東京

に、個人取引係は預金分離に実は賛成だったんです。個人向け金利が法人向けより高ければ、預金集めに有利ですから。

僕は個人取引係のグループに呼び出され、つるし上げられました。「反対の方針を撤回して、業界をまとめ直せ」とリンチまがいに責められました。

富士銀行全体の意見を取りまとめる立場として動いたのに、合意後に文句を言われては立場がありません。僕は嫌気がさして、辞めて秋田に帰ろうと思いました。忘れもしない1973年8月18日、僕が35歳の時のことです。

先輩から徹夜の慰留

僕は銀行を辞め秋田に戻る意思を固め、妻に伝えました。妻は辞めることには異論がないんですが、生まれも育ちも東京なので、秋田に行くことには抵抗があったんです。

僕は半ば徹夜して妻を説得しました。

翌朝上司に辞表を出した後は、非常に晴れやかな気分でした。上司に「再就職の当てはあるのか」と聞かれ、かっとなって「次の職場を決めてから辞表を出すなんてこと、僕はしませんよ」と答えました。

辞めようとしていることを聞き付けた同期入行の親友が先輩の伊藤新造さんに伝え、2人で僕を夕食に誘ってくれました。伊藤さんは今、フィデアホールディングスの社外取締役になってくれています。

ホテルで食事し、バーで飲んでいる間、伊藤さんは強く慰留してくれました。午前0時を回ると

石油ショックによる経済混乱で、トイレットペーパーを買いだめする人たち＝1973年10月、大阪市

「おまえの所に行こう」と言い、僕らは妻の実家で、妻と義父を交え話し込みました。「辞める」「俺に任せろ」を繰り返した後、伊藤さんは「業務部には居づらいだろうから、取りあえず異動したらどうだ。俺が業務部長に相談する」と提案しました。夜が明けるころ、「ではお願いします」と折れました。

伊藤さんは朝一番に、僕を慰留したことを業務部長に伝えてくれました。部長は感謝しつつ、僕の今後については考えがあったようで、異動の件は部長預かりになりました。

驚いたことに後日、伊藤さんが業務部に来ることになりました。部長の計らいでしょう。全国銀行協会の会長行業務をする分室で僕の上司として勤務することになりました。

年末には第1次石油ショックです。辞めていたら子ども3人を抱えて路頭に迷っていました。

発端となった預金分離は見送られました。一物一価の原則を崩す影響は大きいという僕たちの主張通りになったんです。

春闘でベア14％死守

1975（昭和50）年4月から1年間、従業員組合の執行委員長を務めました。前任委員長がベースアップ27％の要求を銀行側に出し、僕に引き継ぎました。

前年の74年春闘は石油ショック後の狂乱物価を受け、各業界のベア平均が33％という大勝利でした。この年、われわれのベアは25％でした。満額回答でしたが「要求が低かった。取り損ねた」という感が組合員に根強く残っていました。それで27％を要求したんです。

しかし75年の春闘相場は日ごとに下落していきました。銀行業界には市中銀行従業員組合連合会というのがあり、14組合が共闘して27％を要求していました。満額回答は無理でも、他業種並みの14％を死守することを申し合わせました。

ところが、ある都市銀行の組合が裏切りました。経営側の集まりで、この都銀は「うちの組合は降りている。12％でいける」と明かしたんです。他行も「では、うちも」と足並みをそろえ、要求の半分にも満たない12%という結末になりました。

それでも僕はストライキをちらつかせ、意地で14%を確保しました。ベアは他行との兼ね合いがあるから12%でしたが、2%を昼食手当として上乗せさせたんです。精いっぱいやったと思います。

組織強化は永遠の課題です。個別の闘争で組織の団結が崩れることは断固として防がなければなりません。

この春闘では10人の専従執行委員が全支部を回ってオルグをやりました。本人たちは元気なんですが、朝は早く出て一日3回オルグをやって夜遅く

多くの労働組合員らが参加した1975年メーデー＝東京・代々木公園

帰るので、体調を崩す奥さんが相次いだんです。

この間、昔の組合の仲間で集まった時に、僕はこのオルグのことを謝りました。みんな「楽しかったなあ」と笑っていました。いい思い出になっているんですね。

顧客第一主義を学ぶ

労働組合委員長を務め上げて業務部の本業に戻った後、1977（昭和52）年に虎ノ門支店次長になりました。支店長は銀行員らしからぬ強烈な個性の人で、僕は発令時、常務から「困ったら相談しろ」と心配されたり、「面白い組み合わせだ。衝突が見ものだな」と周囲から言われたりしました。

僕は本部中枢である業務部にいたので、虎ノ門支店に行った当初、朝礼で富士銀行の方針を一人でしゃべっていたんです。業務部から来た若造が「俺が支店長だ」と言わんばかりの態度であることに、支店長は面白くなかったんだと思います。

その後は僕も立場をわきまえ、いろんなことを任せてもらうようになりました。向こうの度量が大きかったんでしょう。分かり合うと、とても魅力的な支店経営者でした。銀行はお客さまの役に立ってなんぼという考え方が徹底していました。支店経営の11原則を設け、みんなで順守しようとしていました。

富士銀行虎ノ門支店があった、東京都港区の虎ノ門地区＝1971年

例えばお客さまからの電話に「会議中」と答えると叱られました。自分たちの内輪の会議よりもお客さまからの電話が先だと、顧客第一主義を貫くんです。

支店のモットーは「明るく、楽しく、爽やかに」でした。当時はまだ浸透していなかった「従業員重視の経営理念」を明示し、「ビジョン経営」を徹底していました。

本部からのノルマも意に介していませんでした。支店長には「お客さまとの関係が深まれば、自然と預金も貸金も増える」という信念があったんです。「お客さまに『本部からの目標ですから何とかお願いします』と頼むなんて屈辱的なことはするな。お客さまからばかにされるぞ」と言っていました。

当時の虎ノ門支店は空前絶後の業績を挙げていたと思います。僕の在籍は1年半ほどでしたが、その間、預金量は700億円台から1千億円を超えるまでに伸びていました。

個人客の開拓に奔走

1979（昭和54）年、虎ノ門支店次長から、新設間もない信用開発部のナンバー2の部長代理になりました。

預金が乏しかった戦後しばらく、融資先は法人が中心でした。しかし住宅ローンなどのリテールバンキング（小口金融）がアメリカで先行し、富士銀行も取り組むことになりました。

それで、これからは個人向け戦略を扱う部署が必要だということで、本部に信用開発部ができたんです。個人客の開拓に向けた戦略を練る部署です。

信用開発部ではリテール以外にも市場を開拓しました。印象に残っているのが「ファクタリング」です。企業などの売掛債権を買い取る業務で、専門の会社をつくりました。

ファクタリング会社設立は都市銀行で最後発でしたが、あれよあれよという間に業績を伸ばし、業界トップになりました。融資のベテランで企画力のある社長が頑張ってはいましたが、あまりにも急な成長というのは、何かおかしいんですよ。

銀行本体から優秀な審査役を送り込んで資産内容を洗ってもらいましたが、社長の説明を聞くと納得しちゃうんです。「問題ない」という報告が続きましたが、にっちもさっちもいかないような事態が起きました。多くの貸付金の返済が滞ったんです。

僕は信用開発部に籍を置いたまま、ファクタリング会社に常駐し、社長をけん制することになりました。なぜこうなったのか尋ねると、社長は「銀行はいわば、きれいな小川で目に見える魚を捕まえようとしている。だが川底の泥の中に手を突っ込んでごらん。宝の山だよ」と答えました。

銀行は融資の場合、まず取引先が信頼できる人物かどうかを見ます。使途や返済プラン、万一の場合の担保まで考えて貸すんです。しかし社長は「しっかりした根拠が

富士銀行信用開発部の部長代理時代

一つあればいい。それがノンバンクだ」という人でした。結局退任を余儀なくされ、その後、急逝しました。

胃の全摘手術受ける

1981（昭和56）年1月、問題があったファクタリング会社の社長が交代しました。一段落したと思っていたところ、2月の健康診断で僕の胃に異常が見つかりました。胃潰瘍と言われましたが、今思うと初期がんだったのかもしれません。

医師になった秋田高校の同期生2人に連絡したら、すぐ駆け付けてくれました。東大病院の第1内科に勤め、一昨年に亡くなった藤原研司君。それに当時東京医科歯科大の消化器外科にいた親友の平山廉三君です。

彼ら2人と健診担当医が協議して、胃を全部摘出した方がいいという結論になりました。平山君は「日本一の名医を紹介する」と、消化器外科の大権威に引き合わせてくれました。虎の門病院（東京）の秋山洋先生です。後に院長を務めた人です。

4月末、虎の門病院での摘出手術は無事、終了しました。藤原君は「町田は富士銀行の出世頭として頑張っている。もし、がんだと思われたら、町田は脱落したとみられる。平山、何かうまい病名を考えろ」と言い出しました。

実際に胃がんだったのかどうかはともかく、平山君はどう見てもがんとは思えない病名を付けてくれたんです。その病名は忘れてしまいましたが。

でもそんな姑息《こそく》なことをしても意味がありませんでした。がんだという

浪人していたころ（左）、高校で知り合い親友になった平山君と

うわさが広がっているんです。家族ぐるみで付き合っていた部下の奥さんが、僕の妻に「ご主人、がんだそうで、大変ですね」と言ってきたそうです。

藤原君の助言で手術の翌日、信用開発部長に「成功しました。1週間で退院できます」と電話させられました。

実際は手術の1週間ほど後、麻酔による肝炎にかかり、予想外に入院が長引いてしまいました。だるいだけで痛くもかゆくもないので、平山君に頼んで6月いっぱいで退院させてもらいました。

走って体力取り戻す

1981（昭和56）年4月に入院し胃の摘出手術を受けた僕は、7月上旬に職場復帰しました。でも、そんな時期に戻っても中途半端だし、同僚も忙しそうです。信用開発部長に「みんなに迷惑を掛けるから異動させてほしい」と願い出ました。

後で分かったんですが、僕が申し出る前に、人事部から信用開発部長に「町田君を異動させていいか」と打診があったんだそうです。部長は心配し、それとなく異動先を探ってくれました。部署名は教えてもらえませんが、「忙しい部署か」と聞いたら、人事部の副部長は「忙しい所です」と答えたそうです。

部長が「物理的に忙しいのか、精神的にか」と粘ったら、副部長いわく「両方です」。これで部長は「左遷じゃないんだな」とほっとしたそうです。

胃を摘出したら体力が落ち、気力がなえること

胃の摘出手術を受けた虎の門病院。1983 年に新館が完成、85 年に本館が改修された＝東京都港区

は覚悟していました。そんな時に同僚の厚生課長が、僕の机の上に本を置いていきました。ジョギングの本でした。

手術前に着ていた背広が合わないほど痩せこけてしまった状態で走るなんて、と思いました。それでも感想ぐらいは伝えなければいけないだろうと、ページをめくりました。

そうしたら「ジョギングで人生が楽しくなる」というくだりに目が留まりました。人生が楽しくなるのはいいことだと思い、走り始めたんです。

最初は少し走っては歩き、また走るという具合。そのうちに病みつきになりました。ランナーズハイになるんです。どこまでも走れるような陶酔感を味わいました。体力回復に役立ちました。今は走ることもなくなりましたが。

当時小学校低学年だった3番目の息子が書道を習っていて、その子に「歩歩（ほほ）」と書かせました。「一歩一歩」という意味です。着替える時に見える場所に貼って、毎朝「一歩一歩だ」と自分に言い聞かせたものです。

人事制度を抜本改革

信用開発部から人事企画課長として移りました。まず着手したのは、全店のモラール（士気）をみる調査です。本部各部署、支店のモラールがどうなっているかを把握するもので、組織運営のゆがみの発見につなげ、その対策や施策、制度の改善に結び付けるんです。

業界初の人材派遣会社もつくりました。派遣社員に銀行の事務をやってもらうんです。その後、多業種に対応する派遣会社も別に立ち上げました。

「福利厚生のための組織をつくれ」と命じられ、生活協同組合法に基づく会社も設立しました。生協の共済と同様に、自前で生命保険や火災保険を扱える会社です。一番やりたかった企業年金導入への流れもつくり、後任に引き継ぎました。

次は人事部長から、人事制度の抜本改革を検討するよう指示されました。僕が先頭に立って、４人で改革チームをつくりました。里村正治君（現フィデアホールディングス社長）もチームの1人でした。2年がかりの作業でしたが、勉強になりました。

人事制度は20年以上、見直されていませんでした。海外の制度も参考にし、抜本的に改革しました。職務をきちんと見る職務重視の考え方をベースにしたものです。

あるポストにはどんなキャリアや能力、適性が必要かを盛り込んだ制度です。年功序列ではなく、職務の難しさと責任の重さで評価し、それに対応した処遇を設定する。これをベースに人材育成、キャリア開発のプログラムを組み立てます。

そして女性の活用です。女性の能力を生かせる仕組みを設けるため「総合職」「一般職」という職

人事企画課長時代、香港・台湾視察で（右から2人目）。左隣が現フィデアホールディングス社長の里村君

制を取り入れました。男女雇用機会均等法が成立した１９８５（昭和60）年に都市銀行では先行して準備しました。他の都銀にも声を掛け、この法律が施行された翌86年に、一斉に始めました。

大和との合併が失速

新人事制度のめどが立ったところで１９８４（昭和59）年に人事部の次長から副部長になりました。この年、入行25周年を迎え、同期代表であいさつをしました。父がとても喜んでくれて、銀行で僕のあいさつを録音してくれたカセットテープを、大切に保存していました。

88年に市場開発部長、89年に総合企画部長になりました。総合企画部は本部各部をまとめる難しいポジションです。その年の株主総会で取締役総合企画部長にしてもらい、

2年後に常務になりました。

そして常務を3年務め、94年6月に富士銀行を去ることになります。その理由には銀行の合併戦略が関わってきます。

当時、都市銀行は金融自由化の流れを受け、競争激化と金融再編の渦中にありました。

僕が入行した62年、富士は日本一の預金量を誇っていました。72年に第一勧業銀行（現在みずほ銀行）が誕生して日本一の座を失い、平和相互銀行と合併した住友銀行（現三井住友銀行）にも追い抜かれました。

総合企画部長になった時、太陽神戸銀行と三井銀行（同）が合併を発表しました。「このままでは、当行は4位に落ちてしまう」と合併戦略の緊急性

1991年5月、富士銀行の常務に就任した直後

を書面で役員室にアピールしましたが、反応はありませんでした。

常務になって、頭取と副頭取に具体案を提言しました。相手は大和銀行（現りそな銀行）です。大和は関西系で主要マーケットがだぶらない上に、先方は信託業務という、われわれにない強味を持っていたからです。同じ関東系の銀行が相手では、合併後の店舗や人員のリストラ効果しか期待できず、調整も難しいと考えました。

富士の頭取は積極的に動いてくれ、会長も支持してくれました。ただ副頭取が「向こうの副頭取は大学時代のゼミの親友」だといい「俺に任せろ」と取り上げました。その後、交渉は一切進まずに終わりました。

「荘銀に行ってくれ」

荘内銀行（本店・山形県鶴岡市）へ行ってほしいと僕に伝えたのは、当時の富士銀行頭取の橋本徹さん（現日本政策投資銀行社長）でした。僕は入行したてのころ、橋本さんらがつくった勉強会に交ぜてもらい、かわいがってもらっていました。

ただ、「橋本頭取がお呼びです」と連絡が来た時に「ああ、来たな」と直感しました。皮膚感覚で、そろそろ何かありそうだとは思っていました。

橋本さんは「荘内銀行に行ってほしい」と、下を向いて僕に告げました。「荘内銀行…」と言い、僕に握手を求めました。僕は意地悪して、出された手を1分間ほど見詰め、それから握手に応じました。

僕は人事部の副部長のころ、定年間近の支店長に、あっせん出向を通告する役でした。不満でも「分かりました」と明るく受ける人、「妻と相談してから返事をさせてください」と言う人。「さっきまで会議をしていて、来期はこんな目標でやろうと盛り上がったばかりです」と泣きだす人もいました。まさに人生模様でした。

だから、いつか自分が同じ立場になったらすぱっと受け入れ、文句は言わないと決めていました。さすがにちょっと「やられたな」という感じはあり、鬱屈《うっくつ》する部分はありましたが。

このころの心境をつづった「センチメンタル・スピーチ・ダイアリー(忙しい5月)」と題した文が、富士銀行OB会報に載っています。少しだけ紹介しましょう。

「30年余りも富士銀行という大きな傘の下で気心の知れた仲間と過ごしてきた。こうした環境が一変することが決まった、それだけで一種の喪失

常務を退任する直前の1994年5月、視察団長として赴いた中国で（左から2人目）

感に襲われるものらしい」
「そうした心の空白を埋めるには多忙が最も効果的である。この5月は特に忙しかった。(中略)過ぎ去った5月の日程表を繰りながら、われながらよく動き回ったと感心する」

出過ぎた提言だった

僕は常務になってすぐ、合併案を提言しました。合併戦略はトップ主導が普通なのに、なりたての常務が提言するのは出過ぎたことだったでしょう。

現に先輩常務から「合併はトップと若手行員しか喜ばないもんだよ。役員や部長の半分はいらなくなるんだから」と忠告されていました。

また僕は、常務会を物足りなく思っていました。専務、常務がそれぞれ所管する分野を超えて、全行的観点から徹底した議論を交わす必要があると感じていたんです。

総合企画部担当常務の僕には経営に関する情報が多く集まるので毎週木曜日、「専常務会」と称して専務、常務が非公式に集まり、僕が常務会協議事項の論点や関連情報を提供していました。これもまた出過ぎたことでした。副頭取3人には声を掛けなかったので、不信感を持たれたのかもしれません。

1994（平成6）年度は富士銀行が全国銀行協会の会長行となる予定でした。各行の専務や常務で構成する「一般委員会」の委員長は、会長行の一般委員が担います。その一般委員長は僕でい

常務のころ（前列中央）、富士銀行女子バスケットボール部の選手たちと＝1992年

いか、頭取と副頭取で話し合っていたようでした。

一方で当時、富士と親しく、頭取も富士出身である荘内銀行が経営危機に陥っていました。富士が再建計画を立て、経営者も派遣するよう、大蔵省（現金融庁）から求められていました。富士としては、僕が東北出身だから渡りに舟だったのではないかと思います。

僕の荘内への転出を知った当時の北都銀行頭取が「放出するなら、うちが欲しかった」と漏らしたと人づてに聞きました。その時は僕も「行きたかった」と残念に思ったものでした。

秋田県は秋田市一極集中ですが、多極分散の山形県は地域間で切磋琢磨《せっさたくま》する気風があります。その山形での体験を秋田に持ち込めて結果オーライだった、幸運だったと喜んでいます。

再建こそわが使命

ビル売り損失穴埋め

荘内銀行では1年間副頭取を務めた後、1995（平成7）年に頭取に就きました。当初こそ左遷されたという思いはあったけど、それ以上に「この銀行を何とかしなければいけない」という気持ちの方が強かったですね。

当時の荘内は財務状況が悪く、人事から決算まで大蔵省（現財務省）が監視する「決算承認銀行」でした。このままではつぶれるという烙印《らくいん》が押されていて、その状態からの脱却が最優先でした。

荘内には有価証券に149億円ほどの含み損があり、不良債権も多かったんです。まずは仙台市にビルを持っていた子会社を、ビルごと66億円で売却して損失を穴埋めし、バブル崩壊による地価の下落後、荘内の関係会社がこのビルを17億円で買い戻しました。今は荘内の仙台支店とフィデアホールディングスの本社が入っています。

このころ、荘内の大口貸出先で業績が悪化していた山形県内の建築資材メーカーで、業績悪化に伴い26億円に上る貸付金を取り戻せなくなっていました。親しい富士銀行の先輩にこの会社の社長になってもらい、救済に入りました。

当時の荘内は貸金の管理体制が甘く、これも富士の審査役のプロを拝み倒して担当常務として来てもらい、手当てしました。

荘内は組織の体をなしていないとも感じていました。本部行員が企画、立案をしないんです。なぜしないのか聞くと、常務たちが「それはわれわれがやることだ。君らは命じられたこと

1995年7月、荘内銀行頭取就任直後の臨時支店長会議であいさつ（同行提供）

をやればいい」と言っているからだというんです。

これでは駄目だと思い、男性行員約600人のうち60人を次々に富士へ研修に出しました。通常は部外者を入れない総合企画部や業務部でノウハウを学びながら、活発に議論し物事を進める風土を培ってほしかったんです。研修から戻った行員は随分成長していました。

取り付け騒ぎを警戒

1995（平成7）年度決算の検査で、荘内銀行の経営が改善していると大蔵省（現財務省）に認められました。決算承認銀行の看板を外してくれるよう頼んだら、もう一度検査を受ける必要があると言われました。

ところが2回目の検査が終わってみると、大蔵省は決算承認銀行制度そのものをやめました。「決算承認銀行でなくなったことを示す文書が欲しい」「制度がなくなったんだからいいでしょ」と言い合いの末、文書を出してもらいました。

決算承認銀行の制度がなくなったことは、国が銀行経営の面倒を見ないということでもあります。業務の自由化が進む中、「銀行の自己責任で」ということになったんです。

この制度がなくなり、97年11月以降、三洋証券を皮切りに北海道拓殖銀行、山一証券、日本長期信用銀行、さらに日本債券信用銀行が破綻しました。北海道拓殖もかつては決算承認銀行でした。

荘内で一度、取り付け騒ぎを心配したことがありました。富士銀行と同系列の商社「大倉商事」が98年に自己破産したんです。荘内は42億円を貸し付けていました。小さな銀行

経営難に陥り自己破産申請した大倉商事の本社＝1998年8月、東京・銀座

には致命傷に近い額です。

それでも不良債権を抱えたことを発表しなければなりません。発表後の取り付け騒ぎに備え、警戒態勢を取りました。「外回り組は全員店内待機」「外に並ばれると騒ぎが大きくなるので、来店者には必ず店内に入っていただけ」といった具合です。実際には、預金解約に来たのは1人だけでした。

2003年には佐賀銀行で取り付け騒ぎがありました。倒産するという根も葉もないチェーンメールが発端でした。東北では銀行の信頼が厚いのか、だとすればありがたいことです。

1998年度は赤字決算でした。せっかく決算承認銀行から脱却したのにまた後退というのは、何とも無念でした。

著名人を外部顧問に

荘内銀行ではアドバイザリーボード（外部顧問制度）を設けました。メンバーである県内外の各層の方々に経営への意見を述べてもらうんです。無報酬ですが、代わりに山形県のいい宿に泊まって観光してもらいました。山形県のファンを増やす狙いもあります。

外部顧問は、元日銀総裁の福井俊彦さん、元大蔵省（現財務省）事務次官の小川是《ただし》さん、金融論の泰斗である慶応大教授の池尾和人さんら、そうそうたる顔触れです。「ベルサイユのばら」で知られる漫画家の池田理代子さんもメンバーです。

池田さんの夫は日銀出身で僕と親しかったので「奥さんを貸してください」と口説きました。大学で同期の小川さんは若いころに酒田税務署長を務めたことがある縁で、お願いしました。

いろんな会社もつくりました。シンクタンクの荘銀総研は荘内銀行120周年記念事業の一環で、株式会社として設立しました。それまで東北には、株式会社のシンクタンクはありませんでした。

ライバル行の専務が「株式会社のシンクタンクなんて東北財務局がうんと言わない」と話していたと聞き、僕はかちんときて、財務局を飛び越し大蔵省の銀行課に直談判しました。課長はその翌日「株式会社の件、ＯＫです」と連絡をくれました。

財務局のメンツはつぶしたかもしれないが、待っても進まない状況を抜け出したかったんです。シンクタンクは今、とても機能しています。

また、不動産調査サービス会社を立ち上げまし

2006年2月、荘内銀行が東証1部上場。上場を記念し、東京証券取引所の鐘を鳴らす

た。不動産担保融資では、物件の担保評価機能が重要です。僕は富士銀行時代にこの手の会社の設立に携わっていたので、キーパーソンだった先輩に富士から社長として来てもらいました。

ベンチャー企業に投資するベンチャーキャピタルの会社も東北で最初に設立しました。安定した収益を上げています。

大型店にISB開設

1998（平成10）年暮れ、銀行が投資信託を扱えることになりました。アメリカへ視察に行き、帰国後に「フルーツ王国」という投信商品をつくりました。山形県が誇る果物の盛り合わせのように、いろんな投信の商品を組み合わせたんです。これはよく売れました。

アメリカでは、大型店の中に銀行の支店を設けるインストアブランチ（ＩＳＢ）も見てきました。アメリカは銀行の数が吸収合併で減っていますが、店舗数は増えています。増えた大半がＩＳＢなんです。

成功している西海岸の銀行を視察し、ＩＳＢは有望だという印象を持って帰国しました。荘内銀行でＩＳＢを展開することにしました。１号店は99年２月、山形市内の大型ショッピングモール内に設けました。モールの営業時間と同じく午後９時まで営業するんです。

それまでの銀行の店舗は、本部が出す目標を絶対に達成するという、いわば男の論理で経営されていました。でもＩＳＢがあるモールの利用者は、主婦など女性の方が多いんです。だから女性客を意識した経営が欠かせなかったんです。

荘内銀行のＩＳＢ第１号となった山形市のジャスコ山形北店（同行提供）

そのためＩＳＢのスタッフはほとんど女性です。本部からの目標もなく、みんなで目標を考える自主経営です。職場環境も女性に配慮し、明るさやコミュニケーションを重視したマネジメントを心掛けました。

ＩＳＢの展開は他の地銀も挑戦しましたが、うまく機能していないようです。モール内にただ出店すれば、ＩＳＢがうまくいくというわけではないんです。普通の支店とはマネジメントが全然違います。宮城県名取市に新設されたショッピングモールでは荘内の隣に他行がＩＳＢが出店し競争になりましたが、相手は撤退しました。

荘内のＩＳＢは現在、13店舗あります。経営統合後の北都銀行もＩＳＢを4店舗設けています。

殖産との合併が破談

失敗談ですが、荘内銀行は山形市に本店があった殖産銀行との合併が破談になりました。合併を大々的に発表し、「ミライオン銀行」という新行名まで決まっていたのに、2000（平成12）年4月、白紙撤回になりました。

殖産の支店長たちが、副頭取まで務めたOBから「この合併は対等じゃない。乗っ取られるぞ」と吹き込まれたようです。

僕は対等かどうかより、ベストチョイスを考えていました。山形銀行も山形しあわせ銀行も本店は山形市にあるので、新銀行の本店は鶴岡市にしようとか、コストが半減するので荘内のシステムを使おうとか。こうした提案が殖産の支店長やOBには不平等と映ったんです。

合併協議の大詰めで、殖産の頭取と都内で会いました。彼は「合併の条件として、8桁のシステムにしてもらわないと困る」と言いました。8桁というのは、口座番号とは別に、顧客個々につける番号の桁数です。

殖産は8桁を用意していましたが、荘内は7桁でした。8桁にするには多額の投資が必要になります。殖産は、荘内が8桁にするのはできないと知りながら条件を提示してきたんです。僕は諦めることにし「うちはできません」と告げました。

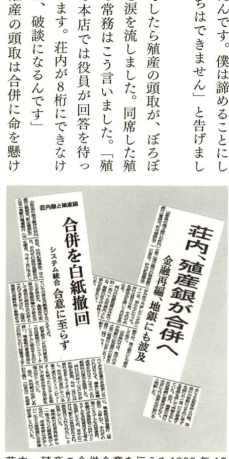

そしたら殖産の頭取が、ぼろぼろと涙を流しました。同席した殖産の常務はこう言いました。「殖産の本店では役員が回答を待っています。荘内が8桁にできなければ、破談になるんです」

殖産の頭取は合併に命を懸け

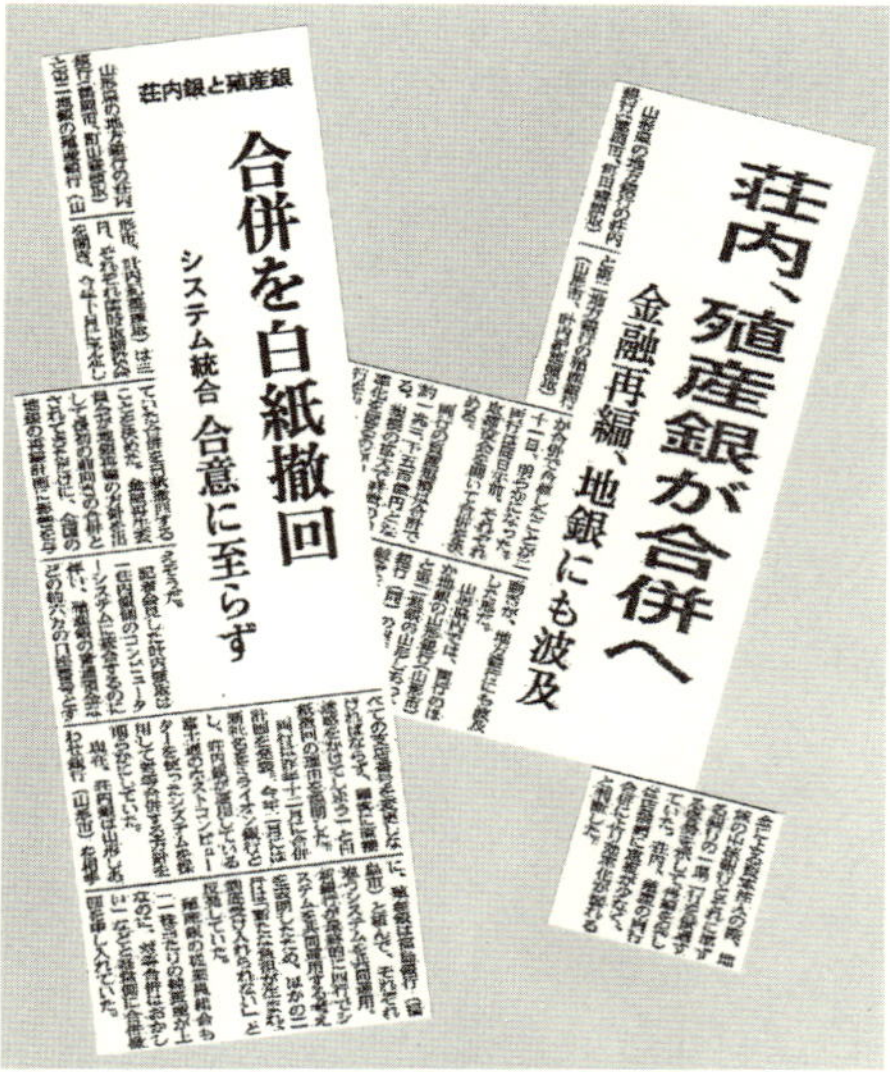
荘内、殖産銀が合併へ
金融再編、地銀にも波及

荘内銀と殖産銀
合併を白紙撤回
システム統合 合意に至らず

荘内、殖産の合併合意を伝える1999年12月21日付秋田魁新報夕刊（右）。左は白紙撤回を報じた2000年4月3日付夕刊ていました。僕が断ったため、「終わってしまった」と無念の涙をこぼしたのだと思います。後で聞くと彼は「合併を白紙に戻せ」「責任を取って辞任せよ」と役員ＯＢたちに連判状を突き付けられていたそうです。実際に破談後、辞任しました。

殖産は07年に山形しあわせと合併し、きらやか銀行になりました。その後、仙台銀行と経営統合しました。

「出羽の国」を市場に

荘内銀行は２００９（平成21）年10月に北都銀行と経営統合し、持ち株会社のフィデアホールディングスを設立しました。銀行員生活を通じて、僕の最大級の決断でした。

08年３月に北都から持ち掛けられた話です。僕は地方の人口減を深刻に捉えていて、長期的視点から経営統合が必要だと考えていました。今だから言えますが、07年に僕は

「一緒になる検討を始めませんか」と北都に水を向けました。その時は、北都は乗ってきませんでした。

市場から人や企業が減る限り行員も店舗も減らさなければなりません。カバーするには広域化しかないんです。秋田県の一部と山形県は昔、「出羽の国」でした。歴史的なつながりがある一方、市場が重ならないからいけると考えたんです。同じ山形県の殖産銀行との合併失敗が教訓になりました。

銀行はスケールが物を言う業種です。当時の北都は、財務内容はともかく、預金量で荘内を上回っていました。経営統合すれば市場

2009年10月、仙台市で（左から2人目）。経営統合に当たり、北都の斉藤永吉頭取（左）、フィデアホールディングスの里村正治社長（右から2人目）、荘内の國井英夫頭取（右）と手を取り合う

も預金量も倍になります。スケールメリットが欲しかったわけです。

秋田県人としての思いがあったことも否定しません。僕を育ててくれた秋田県の北都が苦しんでいるなら支援したいという気持ちはありました。でも頭取が個人の思いで決断することはできません。

役員を前に言いました。「北都との経営統合を進めたい。『頭取は秋田出身だからな』と思われるのは覚悟している。ことによると君たちの未来をおかしくするかもしれない。リスクも含め考えてほしい」

役員から特段、意見は出ませんでした。やや間を置いて「どうだろう」と尋ねたら「異論ありません」と一同が合意してくれました。

株主から憎悪の視線

荘内銀行頭取として北都銀行と経営統合し、持ち株会社のフィデアホールディングス設立を決断しました。そのために株式移転比率を決める必要がありました。両行が相互の価値を適正に評価して定めるんです。その比率は荘内1に対し、北都が0・15でした。

簡単に言えば荘内の1株は額面上、フィデアの1株分と同じ価値がありますが、北都の1株にはフィデアの0・15株分の価値しかないんです。両行の1株当たりの純資産などを踏まえて外部の専門家が算定したんですが、北都にとっては厳しい数字で、就任したばかりの斉藤永吉頭取は本当に気の毒でした。

北都は秋田県内12カ所で取引先や株主向けに説明会を開きました。どの会場でも株主から厳しい意見をいただきました。秋田市と大館市での説明会には、僕も斉藤頭取と行きました。

大館市では虎の子の株が紙くずになったと言われ、本当に申し訳ないと思いました。

僕は「おまえだな、こんなことをしたのは」という憎しみの視線を浴びました。

最後まで納得しない男性の株主は大声を出して、僕らを責め立てました。「長期的に考えてください」と言うのが精いっぱいでした。だから僕は今も北都銀行で「株主に迷惑を掛けたんだから、時間はかかっても、必ずお返ししなければいかん」と絶えず言っています。

経営統合後、北都で会長を務めています。斉藤頭取から「ぜひ会長に就いてほしい」と頼まれましたが、責任を取る意味で、依頼されなくても大事なポストをやっていたと思います。何よりも北都を立て直さないと、せっかく軌道に乗った荘内

2009 年 5 月、秋田県庁で（左）。北都の斉藤頭取と株式移転比率の発表会見に臨んだ

もおかしくなってしまうわけですから。

当時の僕は、決算承認銀行だった荘内を立て直したんだという自負があり、斉藤頭取となら一緒にやれると直感していました。

まず役員室が変われ

北都銀行との統合を準備している段階で、僕は荘内銀行に、北都の資産査定を徹底させました。査定結果を見て、不良債権の多さが気になりました。

不良債権とは、貸出先の業績が悪化して回収できなくなる懸念のある債権です。統合後最初の課題は、その不良債権の処理でした。荘内、北都と政策投資銀行で企業再生の子会社をつくり、162億円の不良債権を処理しました。この会社は役目を終え昨年10月に解散しました。

多額の不良債権をつくってしまった反省が北都に乏しいことが、僕にはずっと引っ掛かっていました。不良債権化した大口の融資には、貸し付けた支店長だけでなく経営陣にも責任があるはずです。

貸す、貸さないの判断とともに、貸金の管理にも手落ちがあったに決まっています。過ちが検証されないか、またはなおざりにされる企業風土ではなかったのか。

例えば意思決定の場である経営会議では、頭取の判断が間違いだと思ったら「それは違います」と進言するべきなのに、頭取の顔色を見ているんです。これでは銀行は駄目になります。経営トッ

経営統合に伴って行われた北都、荘内の合同内定通知式＝2009 年 10 月、仙台市

プには情報が多く集まるとはいえ、偽の情報もあり、判断が曇ることもあります。だから僕は時に、テーブルをたたいて怒るんです。「君の意見はどうなんだ。これでいいのか」と。また「まず役員室が変わらないと、銀行の意識改革は進まないんだぞ」と叱ったこともありました。

最初は、憎しみのこもった目で見られました。分かってくれる人も徐々に出てきたと思いますが、今でも経営会議には緊張感があるんじゃないでしょうか。町田は今度、何を言いだすのかと。

真剣勝負の討議では、顔を見て話したいんです。テレビ会議じゃ駄目。できるだけ秋田に来て議論に参加したいと思っているんです。

悩みの解決が仕事だ

荘内銀行に来た時は、古巣の富士銀行の支援を受けました。しかし北都銀行でそうしようとは思いませんでした。

富士は2002（平成14）年に第一勧業銀行、日本興業銀行と経営統合し、みずほフィナンシャルグループになりましたが、僕はこの統合には反対でした。みずほに頼る気はなく、自力でやると考えていました。

当時の北都では、個人の客を相手にする意識が薄かったんです。リテール（小口金融）、つまり個人のお客さまのローンで食べていける時代になっているのに、「個人なんて」という風潮でした。企業の応接室に通されて、お茶を出してもらい、社長と融資の話をするのが銀行だという意識なんです。

ある支店に出向いて行員たちと懇談した時、窓口担当の女性行員から「会長、個人に重点を置くというので大丈夫なんですか」と不安げに尋ねられました。支店長がリテール重視の方針を疑っているからなんです。

法人の取引も個人の取引も、それぞれお客さまの悩みを解決するのが仕事だということが分かっていなかったんですね。預金、貸金に関する業務だけでなく、人生相談、事業相談に乗れないと銀行員は職務を全うできない時代だと思います。今は随分、意識が改善されています。

リテールは1件の取扱額が少ないと思われがちですが、個人でも住宅ローンだと2千万～3千万円というのが普通です。中小企業に貸す運転資金と違わないんです。むしろ安全ですよ。住宅ローンなら、住宅を担保にしているんですから。

僕は富士の常務時代から、お経のようにこう

北都の本店での会議で、支店長らを前にあいさつ＝2015年4月

言っています。「若い人たちが自由闊達《かったつ》である職場。創意や工夫を大切にして仕事の質を高めていく風土。お客さまの夢や希望に共感し、それがかなえられるよう努力する気風。そんなロマンのある銀行にしたい」。これが僕の思いの全てです。

あえて頭取には苦言

北都銀行の経営戦略に関しては、斉藤永吉頭取と相談し「秋田再生」の一本に絞ろう、そのために新しい北都を創ろうと2人で決意しました。

国が掲げる「地方創生」はそれまでの北都の戦略と一致しているので、何かを変える必要はないんです。秋田が浮上すれば、秋田の地域金融機関も生き延びさせてもらえるはずです。

最初に頭取が力を入れたのが農業の6次産業化です。農産物を加工、販売する「あきた食彩プロデュース」という会社をつくって、コメを加工し販路を広げたり、エダマメを使ったお菓子を開発したりと、着実に成果を挙げています。

高齢化が最も進む秋田では、ジェロントロジー（老年学）の分野、特に医療や介護をどうするか、高齢者の力をいかに活用するかは重要な課題です。これも頭取のテーマです。

頭取は人材をうまく生かす施策を積極的に進めています。女性の活用についても、見事にやってくれました。北都は昨年（2015年）1月、全国の「女性が輝く先進企業」の最高賞（総理大臣表彰）に輝きました。女性の支店長が15人、女性従業員の割合が過半数（共に表彰当時）という

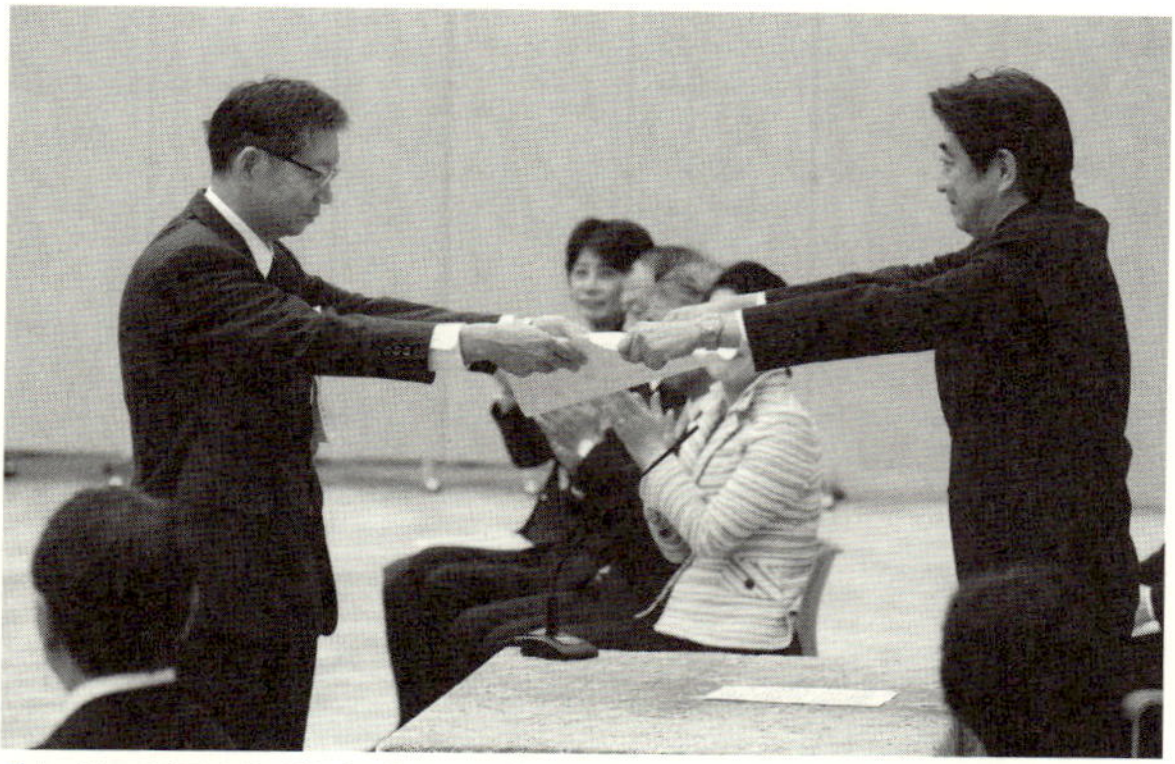

「女性が輝く先進企業」の表彰式で、安倍晋三首相から表彰状を受け取る北都の斉藤頭取（左）＝2015年1月、官邸

のが受賞の理由です。

これは頭取の時代認識によるところが大きいと思います。これからは女性と高齢者の力をどう生かすかが人材活用のポイントになります。特にリテール（小口金融）の部門は女性と高齢者が適しています。

僕は頭取に、あえて苦言を呈することにしています。いいことは他の人が言ってくれるでしょうから。また僕の方が多少銀行経験が長いので、その経験に照らして参考になる事を話しているつもりです。

僕と頭取は信頼関係で結ばれていると思っています。べったりした関係でなく、互いに緊張感を持って。秋田を、北都を良くしていこうと認識を共有しています。

「聖域なく」経営改革

斉藤永吉君が北都銀行の頭取に就任した2008（平成20）年はリーマン・ショックが起こり、多くの金融機関がかつてない打撃を受けました。北都も大幅な赤字決算に陥り、厳しい経営を強いられました。

斉藤頭取はそうした厳しい経営環境の中、新しい北都を創るため、徹底的に過去を顧みました。失敗を全て洗い出し、創業以来の「地域とともに」の理念に立ち返ろうと、「聖域のない経営改革」に着手しました。

反省する中で見えてきたのが、「前例踏襲の文化」「手続きの文化」でした。銀行の経営に携わり、多くの企業を見てきましたが、衰退していく企業は、組織が官僚化、硬直化する傾向があります。

そうした企業では前例踏襲や横並びが行動原理になっていて、従来と違う発想や行動の人は追いやられます。当時の北都も同じでした。失敗は成功への大事な糧となりますが、挑戦する気概に欠けていました。

頭取は、「スピード&チャレンジ」をモットーとしました。手続きの文化を排除し、議論する文化を醸成することで情報や課題が共有され、経営判断に見違えるようなスピード感が生まれました。また頭取は、若手行員と積極的にコミュニケーションを取っています。頭取から激励されてやる気の出ない銀行員なんていませんよ。

最近、北都の行員、特に若手には失敗を恐れず、挑戦する精神が根付いてきたと感じています。組織のモラール（士気）は、いかに組織を構成する一人一人が挑戦する気概を持って取り組むかにかかっています。

北都の若手行員に語り掛ける斉藤頭取（右から２人目）＝2015年５月１日

北都は創立120周年の昨年、2期連続で最高益を更新しました。僕は、荘内銀行との経営統合や頭取の改革は間違いではなかったと評価しています。そして、経営危機の際も北都を見捨てずに温かく支えてくれた秋田の株主やお客さまに、本当に感謝しています。

■よみがえれ、ふるさと

3代目の学長に就任

山形県酒田市に2001（平成13）年、公設民営の東北公益文科大ができました。大学設置は庄内人の悲願でした。初代、2代目の学長は慶応大から招きました。理事長は2代目まで副知事、3代目は「三元豚」で知られる地元の平田牧場の新田嘉一会長が就きました。

2代目学長の退任前、新田さんから学長就任を頼まれました。「金貸しが学長なんて」と断り、代わりに適任者を探してきましたが、土壇場で固辞されました。やむなく僕が3代目学長を務めました。

今の若者はひ弱です。人間教育をしないと自立できず、社会に出ても、物になりません。それで学長をやった2年間で、二つの取り組みを進めました。

イギリスのパブリックスクールを参考に、1年生の全員入寮制を導入しました。大学近くに寮が20棟ほどあり、先生たちに舎監をお願いしました。

もう一つは、日本の精神文化を体験学習させることでした。グローバルな視点を養うには、日本を見詰め直すことも必要だと思ったんです。

庄内には日本の精神文化を象徴する拠点が三つあります。出羽三山に代表される神道。次に仏教。地元の善宝寺という格式高い寺で、座禅を通じ体で仏教を学ばせました。そして儒教。庄内藩士は江戸で荻生徂徠《おぎゅうそらい》の「徂徠学」に触れ、致道館という藩校を作りました。この三つの「教」を体験させたんです。

全寮制、文化体験とも抵抗に遭いました。全寮制では「自宅から通える学生に、無駄な寮費が掛かる」と。僕は「大学進学自体、金の掛かることだ。共同生活を通じ自立心を養うのも大事な勉強だ」と説得しました。

文化体験では、特定の宗教の押し付けは憲法違反だという反発がありました。クリスチャンの学生には「分かった。君は例外だ。原則には例外が付き物だ」と伝え、ごり押しはしませんでした。

「地方創生」核は大学

かつて秋田大で非常勤理事を務め、山形大では今も経営協議会の評議員をやっています。銀行マンから見ると、大学のマネジメントには問題があります。教職員はみんな個人事業主で、組織共通の目的に向け力を合わせるという発想がないんです。

大学の教職員は「専門分野をやりたい」という人の集まりです。東北公益文科大も「庄内再生のため、これをやる」という体制ではありませんでした。でも公設民営ですから、経営的には私立と同じなんです。

マネジメント能力を欠く組織に僕のような者が入ると、摩擦が生じます。それで人事制度を刷新することにしました。実際には僕の後任の吉村昇・現学長の下で進みますが、役割と課題が教職員個々に示され、成果で評価されることになります。

国が進める「地方創生」では大学が重要な役割を担うべきだと思っています。その一つが、公益文科大や秋田大が対象に選ばれた文部科学省の「地（知）の拠点整備事業」

です。地方創生の核になり得ます。

　この事業は、大学が地域と連携し、文科省の支援を受け、地域を意識した教育や研究、社会貢献を進める取り組みです。大学を地域の中核に位置付ける狙いがあります。公益文科大は山形県庄内地方の課題を七つに大別し、解決を図っています。人口減少に歯止めをかけ、地域が特性を活用して生き残っていくため、大学が先導役になるんです。

　僕はもともと、ワンポイントリリーフの学長のつもりでした。2年間務め、秋田大学長の任期を終える吉村さんに託す計画で

2014年4月、東北公益文科大で（右から2人目）、吉村学長（右）らと「地（知）の拠点整備事業」の看板を掲げる（同大提供）

した。それで新田嘉一理事長に「次は立派な学長です」と吉村さんを推したんです。「逃げるのか」と言う新田さんに「逃げません。引き続き『地（知）の拠点整備事業』の担当理事をやります」と答えました。今も月2回は顔を出し、事業の進み具合を見ています。

お金は汚いだろうか

僕が富士銀行に入ることが決まった時、父は「金のような汚いものを扱うのか」と嘆きました。大曲高校の校長を務めた父は、息子4人の1人ぐらいは学校の先生になってほしいと期待したようですが、4人とも教職とは違う道を歩みました。

企業を成長させるための資金融通は社会にとって有益です。しかし金融資本主義といわれる、もうけるためだけの投資や融資は邪道です。

現在、企業の役目として、クリエーティング・シェアード・バリュー（CSV、共通価値の創造）という考え方が浸透し始めています。社会貢献を企業の本業に組み込む考え方です。

フィランソロピー（企業の社会貢献）やメセナ（企業の芸術文化支援）のような、いわば余技としての活動とは違い、本業自体に、世の中に役立つ使命が含まれなければいけない時代になっているんです。

北都銀行で言えば「あきた食彩プロデュース」を立ち上げ、農産物の加工、販売に取り組む事業です。事業の使命に地域貢献の目的があります。

「あきた食彩プロデュース」の設立を発表する同社の佐藤誠・初代社長（左）と北都の斉藤永吉頭取＝2012年10月、秋田県庁

これは近江商人が言う「売り手よし、買い手よし、世間よし」と、ほぼイコールなんです。社会の役に立つことに使わなければ、お金は汚いものだと思われても仕方がありません。

父の嘆きを聞いて以来、「お金は汚いだろうか」と自問自答を続けてきました。今なら父に「使い方によって汚いものにも、有用なものにもなる」と答えることができます。

もう一つ、息子たちに教壇に立ってほしかったであろう父に、話したいことがあります。

僕は東北公益文科大の学長を2年務め、退任時に名誉教授の称号を頂きました。学長経験者に名誉教授を授与できる規定があるんです。あの世に行ったら父に「名誉教授にさせてもらったよ」と伝えたいですね。

秋田の風生かしたい

地球を見渡すと、人口爆発が起きています。それに伴って世界各地で食料の確保が難しくなっています。暮らしに欠かせないエネルギーも、しかりです。この二つをどうするかというのは深刻な問題なんです。

秋田県の食料自給率はカロリーベースで全国2位です。食料供給地として農業に力を入れるべきだし、風力発電をはじめ再生可能エネルギーの有望な地域です。食料とエネルギーという世界的課題の解決に地域から貢献できるチャンスですよ。

特に日本経済にとって、エネルギーはアキレスけんなんです。石油などエネルギーのほとんどを中東など海外に依存し、先進国の中ではエネルギーコストが最も高い。秋田が恵まれている風力、地熱、バイオマスなど、エネルギーの多様化が大事だと思っています。

秋田の風は有望な地域資源です。フィデアホールディングスは3年前、羽後設備（秋田市）や市民風力発電（札幌市）と組んで風力発電会社の「ウェンティ・ジャパン」を秋田市に立ち上げました。佐藤裕之社長が燃えてくれています。

ウェンティ・ジャパンはウインドファーム（風力発電所）の開発やメンテナンスにとどまらず、フィンランドの風力発電機メーカーをはじめ国内外の会社と連携して、風力の地場産業化を目指しています。

風力発電では雇用が生まれないという指摘もあります。風車を据え付けておしまいなら確かにそうです。メンテナンスの雇用しか生まれません。

僕は、２万点以上あるといわれる部品を作るメーカーをたくさん育て、風力発電整備の生産基

2012 年 9 月、「ウェンティ・ジャパン」の設立会見で（右）、佐藤社長と＝秋田県庁

地にしたいんです。県は洋上風力も支援すると公言してくれています。

北都銀行はこの分野で先行していて、事業の収益性を見込んで融資するプロジェクトファイナンスの手法を採り入れ、秋田のために尽力しています。

地域自ら再生図ろう

荘内銀行と北都銀行が経営統合した2009年ごろ、知人から「山形から見た秋田県人論」をテーマに、秋田市のロータリークラブでスピーチをしてほしいと頼まれました。秋田を刺激しようとしたんですが、聞いているのは日銀秋田支店長をはじめ、秋田に出先を持つ県外出身の人たちが多かったんです。

「秋田おばこはおしんに学ぶべき」というタイトルで刺激を与えてみました。しかし挑発されて「こんちくしょう」と思うような地元の経営者たちが少なく、あまり響かなかったようです。
そのスピーチで僕は、地方は自力で活性化しなければならないと説きました。秋田県民が「国がもっとしっかりしてくれないと」と言っているようでは話になりません。国にも責任はあるけど、地域が自ら再生を図らなければいけません。将来的に、やる気の差が地域格差になって出てきます。

せんえつな言い方になりますが、秋田の人に目を覚ましてもらいたいんです。秋田を愛するがゆえの僕の思いです。国による「地方創生」の追い風が吹く今、「これをやりたいので国の協力がほしい」と言えば、違ってくるはずです。ただ支援

人口減のシミュレーションについて説明する増田寛也さん（左）＝2014年5月、都内

を待っているだけでは駄目です。

元岩手県知事、元総務相の増田寛也さんらが昨年5月に発表した人口減に関するシミュレーションを、僕は評価しています。ここまで危機感をあおってくれたことに、感謝すべきだと思うんです。

自分たちの郷土であることを考え、県民自身が再生へ動かなきゃいけないはずです。そのために僕は産官学と「金」、つまり金融機関の連携が必要だとあちこちで言っているんです。

地域が廃れれば、地域の金融機関も生きていけません。地域の皆さんと共にある存在です。しかも広く地域と接点を持っています。重要な役割を担えるはずです。

トップこそ気概持て

国、地方、企業のいずれも、トップリーダーの役割が大事な時代になってきました。これだけ人口減が深刻になっているのに、秋田県内の自治体はどうしたことか。トップに気概のない地域はこの先、消滅しかねません。

これからは生き残る地域、廃れる地域の二極分化が激しくなります。僕を生んでくれた秋田がその変化に耐えられるのか、心配でなりません。

国は「地方が自分で頑張ろうとしなきゃ応援しないよ」と、はっきり言っています。県知事、県内市町村長はその重みを真剣に受け止めるべきだと思うんです。

首長には、職員の意識改革を行ってほしいと思います。職員には秋田を発展させ、再生、創生するのは自分たちだと自覚してもらいたい。まず職員の意識改革から始めなければなりません。

県民も覚悟を問われています。石破茂地方創生担当相は「首長がやる気のない自治体では、首長を選んだ住民にも責任がある」と語っています。民主主義の原点を試されているんです。

「俺もやらないからおまえもやるな」という県民性には、絶望します。秋田県はコメが取れる、木材があるという豊かな地域です。それに甘えちゃって、危機感がないんですよ。

例えば山形県は、耕地面積は秋田県に比べて圧倒的に乏しいし、また多極分散という点で、秋田県と決定的に違います。酒田と鶴岡の庄内地方と、山形、米沢、新庄はそれぞれ言葉や文化が違うんです。地域間の競争があることは、生き残っていく上で有効なんです。

秋田再生について持論を語る＝2014年10月、北都銀行東京事務所

人口減社会では、経済の広域化が不可欠です。中小企業であっても東北全体を視野に入れてビジネスを展開することが大事な時代になっているんです。地方自治体の権限と財源を拡充し、経済とともに行政も広域化していくべきだと考えます。

「ばか者」は僕ですよ

良寛に「裏を見せ表を見せて散るもみじ」の句があります。「裏を見せ表を見せて散る男」とばかりに全てを告白して人生を総括したのが、この「時代を語る」です。自己愛を極力抑えたつもりですが、他人にすれば自己弁護や自己宣伝のにおいがするかもしれませんね。

半生を振り返ってみると、富士銀行時代、辞表を出したり、胃を摘出したりしましたが、不思議と支えてくれる人たちが周囲にいました。幸運な巡り合わせでした。

昨年1月、これも巡り合わせで頭取を務めた荘内銀行で、みんなを前に話す機会がありました。「荘内を変えたもの、それは若者、よそ者、ばか者です」と切り出しました。「若者」は荘内から代わる代わる富士に研修に出した行員、今の國井英夫頭取たちです。「よそ者」は荘内の経営改善のため来てくれた富士出身者、現在のフィデアホールディングスの里村正治社長たちです。

最後の「ばか者」は誰か。荘内に来て「常務会に出たい者は、誰でも出席していい。その代わりちゃんと意見を出せ」とテーブルをたたいて怒鳴った男、つまり僕、町田です…。と、こんな話をしたんです。

今ではテーブルをたたくことはありません。その代わり今後は古里秋田の再生のため、首長をはじめ各界のリーダーに毒づき、

親しい人たちが開いてくれた叙勲受章の祝賀会で、妻の圭子さんと＝2015年3月、山形県鶴岡市

「ばか者」の責任を果たそうと思っています。

人生の終末が近づくほどに郷土への思いが強まるのは、僕だけではないでしょう。自分一人の終末ならいいのですが、秋田の人口が減って「消滅可能性」が取り沙汰され、終末に向かっているとすれば、心穏やかではいられません。

産業界、大学など研究機関、地域金融機関、言論機関であるメディア、そして一般市民。みんなで知恵を絞り、汗を流し、秋田を再生したいものです。

■第二部　月曜論壇

「第二部」は2009年2月23日から2012年11月26日まで秋田魁新報「月曜論壇」に寄稿した文章を収載しました。

秋田の潜在力に注目

ここ一年、北都銀行との経営統合の準備があり、郷里秋田へ帰る機会が多くなった。物心ついてから高校を卒業するまで秋田市内で育ったから、半世紀余りの空白を経て秋田を見直すこととなった。駅舎は新しくなり、駅東の一面の田圃がすっかり住宅地に変《へん》貌《ぼう》し、県都の機能も山王地区に移転したが、秋田は本質的なところで変わっていない。

思えば、日本が太平洋戦争後の廃虚から世界第二位の経済大国へ上りつめるまでの間、秋田は中央に米、その代金、さらには労働力を提供し、戦後の復興とその後の経済発展に貢献してきたが、米価が下がるにつれ、相対的に貧しい県土とみなされるようになった。

しかし、東北にあり、日本海に面している秋田の地政学的な特徴と米どころ秋田で培われた歴史と文化、そしてそれらに育《はぐく》まれてきた秋田県人気質の可能性は、中長期的にみれば優れた利点を多く保持していると思えてならない。以下、論拠を示したい。

第一に、東京一極集中は是正され、再び地方の時代が来る。我が国の首都圏人口は総人口の三割を占める勢いにあり、自然災害（震災等）やパンデミック（新型インフルエンザ等）の危険、さらには生活コスト（水、電気、ゴミ処理等）が、集積のメリットからデメリットに転じている。何よりも、市場万能主義的行動原理が人間を競争意識の中に閉じ込め、ある種の精神異常を来している憾《かん》がある。人・物・金のあらゆる資源を中央に集中して欧米先進国へのキャッチアップを果たした日本がとるべき道は、再度人・物・金を地方へ回帰させ、多様な地方から逞《たくま》しい人材が輩出される国家へ改造することではないか。

第二に、BRICsといわれる新興国の急速な台頭である。国家戦略を考えるならば、広大な中国東北三省（旧満州）と豊かさを取り戻した極東ロシアを望む日本海沿岸を縦に結ぶ交通インフラ（高規格道路・鉄道と港湾）の充実は不可欠である。

第三に、秋田は農林水産業に適した基盤を持っていることだ。地球全体が人口爆発を起こしている中、高成長を続ける中国やインドが生活水準を引き上げるから、今後あらゆる資源の不足（特に食糧危機）や地球温暖化問題が深刻化する。奥羽山脈の水と森林の存在は貴重となり、米や木材などの価格も国際競争力を持つようになる。

第四に、秋田県人気質である。粘り強く我慢強いのは、東北人に共通する資質だが、秋田県人は明るく陽気で、人に優しい。経済のサービス化が進展し、相手を思いやる気配りが大切な労働の質となってきている。

日本は、中国の十分の一の人口で、しかも少子高齢化と人口減少が同時進行している。先行き高い成長は望めないが、その独自の歴史や優れた文化に裏打ちされた「品格ある国家」として、他国から尊敬される存在でありたい。「文明の衝突」としてのイスラム世界とキリスト教世界との対立の仲立ちは、万物に神が宿るとするアニミズムに起源を持つ日本こそが相応《ふさわ》しい。

（２００９年２月23日）

秋田・庄内コリドール構想

四月の知事選は、現職知事の退任により激しい選挙戦を予想する向きが多い。秋田市長選もあり、秋田の様相は大きく変わるのであろうか。

思えば、小泉政権の三位一体改革は全国の地方自治体に強烈な衝撃を与えた。補助金や地方交付税が大きく削減され、財政窮迫が加速された地方公共団体が圧倒的に多かった。地方分権とはいえ、財政的な自立がなければ地方自治も覚束《おぼつか》ない。東京一極集中見直しの機運が生まれてきてはいるが、地域間格差が拡大し、故郷が寂れていく悲哀を味わう府県も多くなろう。

住民の政治への関心や意識が重要であることは言うまでもない。三重県および亀山市の「クリスタルバレー構想」や、二億円産業の創出となった徳島県上勝町の「おばあちゃんたちの葉っぱビジネス」など、住民が選んだ首長の力量や、地域住民の知恵と努力次第で、地域が大きく変化していく実例を目のあたりにすることが多くなった。

他地域との交流も地域住民の意識を覚醒《かくせい》させる上で有力であり、地域間の経済交流が促進されれば大きな商圏へと発展する。その意味で注目したいのが「秋田・庄内コリドール構想」だ。「かつて北前船の航路として繁栄した秋田—庄内間の沿岸地域をコリドール（回廊）に見立て、一つの経済圏・文化圏として、再び活気のある地域にしよう」とするもので、文化フォーラムの開催や広域観光事業に取り組み始めている。歴史と文化、自然と食材、産業資源の開発など、出羽国《いではのくに》として繁栄したこの地域の活性化の材料は豊富だ。提唱者は石川好前秋田公立美術工芸短期大学学長であり、推進の中心は株式会社平田牧場の新田嘉一会長である。

この種の取り組みは、行政も企業も住民も、あらゆる層の理解と協力が得られなければ成功しない。何よりも重要なのはこれを推進するリーダーの存在である。庄内の新田嘉一氏は、正しく立志伝中の人で、養豚業で身を起こし、今や山形を代表する財界人である。この人の先見性と実行力は、十七年前、東方水上シルクロードを開設したことに示されている。中国東北三省（旧満州）の最北黒龍江省の省都ハルビンから、日本海を経て、酒田港に至る二千八百キロにおよぶ航路を開き、主に中国から飼料用穀物を輸入し、中古農機具等を中国への帰り荷とした。着実に交易の実績を積み重ねていく中で、黒龍江省との間に太いパイプを築き上げ、経済発展著しい中国東北部との結び付きを深めている。

地域興《おこ》しは、まずビジョンを示し、地域住民がそのビジョンを共有することから始めねばならない。そして、いかに地域の各層の支持を得られるかで力が備わる。行政当局はもちろん、民間企業はそれぞれの事業分野との関《かか》わりの中で参画する。地元大学も、ビジョン実現のために持てる知的財産を最大限に注ぎ込む。その中で、人材育成が果たされ、その人材が地元に定着し知の拠点をつくってもらえるならば、正《まさ》に一石三鳥の効果を生むことになる。

現在中央で論じられている道州制は、単なる地方行政の大括《くく》り化であってはうまく機能すまい。県単位の経済活動が行政の枠を越えて広域化するならば、道州制移行への地ならしとしての意味は大きかろう。

（２００９年３月30日）

農業再生

過日、秋田の某ロータリークラブで、「山形県からみた秋田県人論」というテーマでスピーチをする機会を得た。高校を出るまで秋田で生まれ育ち、高校を出てからの四十年弱は東京で、その後の十五年は山形で生活したから、今回のスピーチの紹介者は、私に秋田でのデビューの機会を与えてくれたものらしい。すこぶる話しやすいテーマであった。

おそらく、「アリ（山形）とキリギリス（秋田）」の例えがぴったりすることに異論はあるまい。幼い頃《ころ》から「山形県人は秋田へ出張って来て、稼いで持ち帰る」と言いきかされて育ったせいか、秋田県側からの山形県人論は概して芳しいものではない。逆に、山形県人は秋田県人に対してほとんど例外なく好意的である。「秋田の川反」に象徴される「酒と美人」の魅力も大いに貢献しているとは思うものの、秋田県人は気前が良く、人に優しく親切であるからだろう。観光立国を国策として、今や日本各地で観光誘致が盛んであるが、観光資源に恵まれた秋田県にとって、この秋田県人気質は大きなアドバンテージである。もっとも、「利他」は自己嫌悪につながる一面も持っており、秋田の十三年連続自殺率全国ワーストは、DNAの所為《せい》ばかりではあるまい。

私は、人に優しく親切な気質《かたぎ》は、米どころ秋田の豊かさがもたらしたものと信じている。源平の頃から秋田は米どころとしての逸話が数多く残されているが、江戸時代は言うに及ばず、直近戦後しばらくまで、即《すなわ》ち米価が下落傾向に移行するまで、米は富の源泉として機能してきたように思う。

秋田の経済の沈滞は、米余り現象が生じて以降顕著になったのは確かであり、それは米作に頼り切って時代の変化への対応に後れをとったからではあるまいか。秋田は、食糧自給率においては北海道に次ぐ農業県である。その特徴を放擲《ほうてき》すべきといっているのではない。むしろその特徴を活《い》かし、農業を新しい変化にどう適応させていくべきかが問われている。

第一に、ＢＲＩＣｓに象徴される新興国の急成長には目を瞠《みは》るものがある。これら人口大国が消費水準を急速に切り上げつつあるから、日本の農産品の輸出市場としての魅力は相当なものだ。特に中国とロシアのマーケット開拓を急ぐべきである。

第二に、最近農業の六次産業化が話題になっている。農産品を従来通りの販路に納める（第一次産業）だけではなく、食品加工して付加価値を高める（第二次産業化）ことや、さらには販路開拓など経営学の成果を採り入れたマーケティング活動を積極的に展開する（第三次産業化）ことが大切である。農業の分野に競争原理を導入し、競争環境を整備（農協依存からの脱皮）することが不可避であろう。

第三に、農業は三世代同居など大家族主義を歓迎する。多産化を促進し高齢者の養老介護の社会問題も吸収する好ましいコミュニティーを形成する。深刻化しつつある少子高齢社会対応の社会基盤づくりとして再度第一次産業を見直すべきである。

先のロータリークラブでは、「『秋田おばこ』も『おしん』に学ぶべきである」と結論づけたが、新しい変化の時代にあっては、「おしん」の「艱難《かんなん》辛苦の姿」よりも知恵を働かせる「文殊の知恵」の価値が高い。

（2009年5月11日）

故郷への応援歌

故郷は遠くにあって思うものであるらしい。

「東京三一会」という秋田高校を昭和31年に卒業した東京在住の仲間が、年1回秋田料理を供する店に集っている。校歌斉唱から始まるこの酒飲み会が20年以上も続いている。最近ひょんなことから、常連の同期の女性のご子息が、かつて私が所属していた富士銀行に入行し、現在はみずほ証券の売れっ子チーフマーケットエコノミストとして活躍中の上野泰也《やすなり》氏であることがわかった。そういえば眼のあたりが母親に似ている。思わずすっかり嬉《うれ》しくなった。

同氏は最近「『依存症』の日本経済」（講談社）を著した。直近の世界金融危機と景気悪化の中でみられる依存症とでもいうべき日本経済の諸症状を憂えての警世の書である。その著書の最終章のタイトルが、「少子高齢化の秋田県は日本の未来図」とある。10年先の日本の姿が、今の秋田県に集約的に表れているというのだ。

彼はエコノミストであるから、実証的に統計に表れた事象から問題を抉《えぐ》っている。47都道府県比較でみれば、秋田は農業県である。農家人口比率トップ、食料自給率は北海道に次ぐ。人口密度は低く、住宅事情は1戸建て住宅比率トップと良好である。ご愛敬《あいきょう》で付け加えれば、清酒の消費量（新潟に次ぐ）と美容室の人口当たり数（トップ）が、秋田の「酒と美人」を裏付けている。

しかしながら、自慢にならないデータも多い。引き続き同書から引用すると、死亡率は人口当たりで2年連続全国第1位。ガンと脳血管疾患による死亡率がいずれも第1位。自殺率も13年連続第1位（厚生労働省の3日発表で14年連続）と不名誉な統計が続く。婚姻率も8年連続最下位（同9年連続）で、人口の自然増加率も最下位と、人口減少のスピードが加速している様子がみてとれる。

特に深刻なのは、65歳以上の人口比率が29％弱（全国平均22％弱）と、日本の10年後の推計値にほぼ等しいというのだ。秋田県は全国の10年先を走っている。

日本の人口減少は、既に経済や社会に甚大な影響を及ぼしている。まずは経済成長への影響が大きい。過去「失われた十数年」、先進国の中でも低位の成長に甘んじている。ちょうど日本の生産年齢人口の減少に対応している。これからさらに減速する経済の下で、財政や年金制度の維持が怪しくなっている。さらには医療・介護・教育・治安・防災といった社会経済システムが脆弱化《ぜいじゃくか》し、活力のない国へと転落し始めている。

日本の将来を考える時、最も急がれるのが人口問題である。東京一極集中に象徴される人口の地域偏在の是正と少子化対策を急がなければならない。そのためには、筆者の自説であるが、1次産業の抜本的見直しとそのことを通してコミュニティー再生を果たさなければならない。ヒト・モノ・カネのあらゆる経営資源を地方に分散する政治が不可欠である。

上野氏も、観光資源に恵まれている秋田を踏まえ、「海外からの観光客誘致」などいくつか有益な提言をしておられる。「秋田県が復活すれば日本の未来も輝く」と故郷へのエールで締め括《くく》っている。

（2009年6月8日）

急がれる人口問題

目下は百年に一度の国際金融危機とそれが惹起《じゃっき》した世界不況からの脱出で、世界中が大童《おおわらわ》である。想《おも》えば今から20年前の1989年にベルリンの壁が崩壊して、ソ連邦があっという間に消滅してしまい、アメリカの一極支配の様相を呈するに至った。しかし今回の騒動は、経済的、政治的、軍事的にも唯一の超大国であるアメリカの一極支配が終焉《しゅうえん》し、多極世界へのシフトを暗示させる出来事であった。

この間20年、日本はバブル経済の崩壊から長期低迷を続け、経済が成熟化した先進国の中でも極端に低い成長を続け、世界第2の経済大国という看板返上も近々必至の見通しにある。国威衰退の要因は諸説論じられているが、私は大きな背景は急速な少子高齢化の進行と総人口の減少にあるとみている。

日本の総人口は2004年にピークを迎え、その後は減少の過程にある。成長の担い手である生産年齢人口について言えば、既に1995年にピークを超え、減少の一途を辿《たど》っている。付け加えて言えば、秋田県は47都道府県中トップの減少率となっている。この働き手の減少と地域偏在は、日本の将来にとって由々しい大事であり、最大の政治課題であるべきだ。

即《すなわ》ち、人口減少問題が経済社会に及ぼす影響は甚大である。第1に、経済成長への影響である。生産活動への直接的影響のほか、高齢者の増大が消費・住宅投資等の内需にも影響していく。第2に、財政・年金制度の持続可能性を喪失させる。高齢者1人を現役世代3人で支えている状況が、半世紀を経ずして支え手が1人という厳しい見通しにある。第3に、経済・社会システムが脆《もろ》くなっていく。医療、介護、教育、治安、防災等、既に人手不足で機能不全を起こし始めている。

待ったなしの抜本策を、国も地方も樹立しなければならない。一般には、成長力の強化のために、日本の強みとしての研究開発力の一層の強化やイノベーションを担う人材を国内外から育成・招聘《しょうへい》したりするほかに、東アジアなど成長著しい国や地域の市場開拓を図るなど、官民挙げての取り組みが求められている。人口減少の地域偏在に対しては、国家戦略的観点と同時に当該地域住民自らの自助努力が不可欠である。特に産学官が一体となって地域課題に焦点を合わせて、地域再生に注力する必要がある。

いずれにしても、問題の根幹は、未来世代をどう育てていくかである。子供を産み育てることを希望する人の思いを実現させるための環境づくりに国を挙げて取り組む「少子化対策」が決定的に不足しているように思われる。

気になるのは、人口が減少し高齢化がさらに進行する中で、孤独な老人の核家族化(姥捨《うばすて》山現象)が進行していることだ。限界集落の中で、都会へ出て帰らぬ子供たちとの音信に唯一の生き甲斐《がい》を求めるのはあまりに侘《わ》びしい。かつての農村にみられた大家族主義のもとで、3世代同居が当たり前で、地域全体で子育てに当たった良きコミュニティーを新しい創意と工夫で復活できないものであろうか。

(2009年7月13日)

スポーツ王国の復活を

今年も高校球児の甲子園での熱い戦いのドラマが観《み》られる季節になった。秋田県代表の明桜高校の健闘を期待したいところだ。秋田は1915（大正4）年の第1回全国中等学校野球大会（現高校野球）の決勝で秋田中学（現秋田高校）が京都二中に延長十三回、1対2で惜敗した歴史を持つ。残念ながら、その後決勝に進出した本県チームはない。どうやら選手たちの情熱や努力だけでは栄冠は勝ちとれなくなり、監督の指導力や選手の選抜・育成策など、総合力が要求されてきている感がある。

山形県代表の酒田南高校は、2年連続9回目の出場となる名門校である。監督の力が大きい。さらに言えば私立高校の強み、即《すなわ》ち学校経営者の執念を感じる。このところ山形は、サッカーでモンテディオ山形がJ1入りを果たすなど、スポーツに力を入れ始めている。元副知事が県のスポーツ振興協会の理事長を務めるなど、県のポリシーが強く反映されているように思われる。

秋田は一昔前、スポーツ王国の名をほしいままにしていた。古くは、秋田工業のラグビーチームが34（昭和9）年に全国大会出場5度目で初優勝を飾り、その後も優勝を重ね、全国最多優勝を誇っている。秋田商業はサッカーで67（同42）年正月に全国制覇した。近いところでは、能代工業のバスケットボール部が96（平成8）年から98（同10）年までインターハイ、国体、選抜大会の3年連続3冠を達成している。

極め付けは、オリンピックでの活躍だ。体操では、小野喬、遠藤幸雄等の金メダル常連から、ウエートリフティングやレスリングなど歴代本県出身者の夏季オリンピック競技におけるメダル獲得数は、東北6県で断然トップの33個を数えている。もっとも1980年代以降は、青森県の後塵《こうじん》を拝している（青森12個、秋田5個）。

ところで、スポーツイベントの地域活性化に果たす役割は、(1)スポーツ施設の整備など社会資本を蓄積する効果(2)その施設を使用したり飲食・宿泊など関連する消費を誘導する効果(3)スポーツへの参加や観戦により、地域の話題や人々のコミュニケーションを深める効果(4)スポーツのもたらす感動や興奮などの体感をメディアが伝えることによる地域のイメージの向上効果―などが挙げられる。ちなみに、楽天イーグルスの本拠地を仙台に誘致した経済効果だけでも200億円を超えると試算されている。

スポーツ振興は地域再生の観点からだけではなく、次世代の人材育成に寄与するところが頗《すこぶ》る大きい。即ち自らを鍛える克己心や向上心、そしてチームの中で連携し協力し合うチームワークやリーダーシップなど、スポーツを通して磨かれる人格形成の効果が頗る大きいということだ。さらにいえば、他地域や諸外国とのスポーツ交流を通して、広い視野が養われ、よって立つ自らの郷土や母国についての座標軸がしっかりして、日本の将来を背負う人材を輩出する楽しみも加わる。

時あたかも、2019年、ラグビーの世界大会の日本開催が決まった。草食系男子が増殖しているといわれる日本で、雪と泥にまみれて体当たりする逞《たくま》しい若者が育つ夢を与えてもらった嬉《うれ》しいニュースであった。

（2009年8月10日）

新政権への期待

政権選択を争点とした先般の衆議院選挙は、当事者も吃驚《きっきょう》するような議員数の獲得を、民主党にもたらした。今回の選挙は、同時にマニフェスト（政権公約）選挙といわれ、各党とも国民に口当たりのいい人気取りメニューが盛り沢山《だくさん》であったから、その背後にある国家観やビジョンが、いまひとつ見え難かった。

日本は従来、「経済一流、政治三流」といわれてきた。もっとも、その経済も「百年に一度」といわれる「米国発の国際金融危機」に世界が一瞬凍りつき、その後の国際協調の下、ようやく落ち着きを取り戻しつつある一方で、日本経済の輸出依存型構造の問題点が多方面から指摘され、ＧＤＰで世界第2位の地位も中国に奪われることとなるのは必至の状況となった。自民党を支えてきた財界もまた、市場原理万能主義を戒めつつも、グローバル経済の下で、資本主義経済を日本がどう展開していくべきかのビジョンを欠いている。

思えば過去20年、世界は政治も経済も社会も、すさまじいばかりの変化に見舞われてきた。第2次大戦後長く続いた米ソの冷戦構造が、1991年のソ連邦の崩壊により、社会主義の敗北という形であっけなく幕を閉じた。その後の米国一極支配も、2001年9月の米国中枢を襲った同時多発テロにより、宗教や民族の相克が惹起《じゃっき》する「文明の衝突」が現実のものとなり、米国のユニラテラリズム（単独行動主義）が目障りになってきた。米国がテロとの戦いに手間取っている間に、BRICsといわれる新興経済大国の存在が大きくなり、世界のことはG8では結論を出せず、G20の開催が象徴する多極化、無極化の時代に入ったとされる。特に日本にとっては、米中G2の動きが気に障ることとなり、ジャパンパッシング（日本軽視）やジャパンナッシング（日本無視）と憤っている。

新政権の誕生に、私見ながら、懸念と期待を述べてみたい。懸念は、今まで主として自民党を中心に進められてきた道州制論議の行方である。道州制検討の大きな動機の一つは、中央集権型国家から分権型国家へと「新しい国のかたち」をつくることであった。

脱官僚を旗印にし、中央省庁の官僚依存から政治が自立することはよいとして、どんな日本の未来を構想するのかが見えない。少子高齢化に歯止めがかからず、人口が減少していく日本、そして極度に進行する東京一極集中の危うさを、多くの日本人が肌で感じているのではあるまいか。多様多彩な地方の「自然と人間」を活性化させて、その中から健全で多様な「思想と人材」が輩出し、日本を再生してくれることを期待している。

宇宙人といわれる鳩山代表が唱える「友愛」に、ある種の共感と期待をもっている。今回の百年に一度の世界金融危機をもたらした市場万能主義を反省するにあたり、我々経営者や経済人は、一人一人が高い倫理観を保つことが必要だ。「他者への奉仕」の精神を失った営利活動はいずれ破綻《はたん》する。成功した過去の経営者には必ず「利他」の精神が宿っている。率先して温暖化ガス25%削減の環境対策を宣言した勇気に、単なる経済大国ではない、世界から尊敬される国家を目指そうとする気概が感じられる。

（2009年9月21日）

秋田の天地人

縁あって郷里秋田で働くこととなった。父母共に生粋の秋田県人、高校を卒業するまで秋田で育った。都市銀行に就職して、47年間銀行員生活を過ごした。うち都市銀行で32年、地方銀行で15年、いずれも郷里を離れての生活であった。「故郷《ふるさと》は遠くにありて思うもの」という。長年の望郷の思いが果たされて、郷里で最後の職業人生を迎えることができた。

物質的に豊かになり、米余りがいわれるようになってから、秋田は他県に比べて元気を失ってきているようにみえる。しかし挨拶《あいさつ》回りで地元の人々と接してみると各層の人々に明るさが見えて嬉《うれ》しくなった。秋田も「天の時、地の利、人の和」に恵まれてきたように思えてならない。

天の時とは、政権交代に象徴されるように、中央一極集中から地域分散へと時代の空気が変わりつつあることだ。構造改革とはいうものの、市場原理万能主義の弊害が国際金融危機を招き、国内では個人所得の格差拡大や中央と地方の格差拡大を招き、自民党政権を崩壊させた。ただし地域主権とはいっても、今度は地域間格差が激しくなる。栄える地域と衰退する地域とが二極分化するということだ。

地の利とは、秋田の自然の豊かな恵みである。日本海に面し水産資源は勿論《もちろん》、米どころとして農業の基盤は盤石だ。さらに奥羽山脈の森林と水資源の豊富さは大変な財産だ。1次産品には誠に恵まれた地域である。

日本は人口が減少し始めているが、地球レベルでは既に62億人を超え、21世紀半ばには100億人を超えると推計され、人口爆発を起こしている。BRICsといわれる新興国が脅威的な高成長を遂げつつあり、あらゆる資源が払底し始めている。最も基礎的な食糧資源に恵まれていることは大変な強みである。課題は1次産業にとどまらず食品加工（2次産業化）、販売（3次産業化）の分野に進出して付加価値を高めることだ。

人の和は、言わずと知れた人に優しい県民性である。他人を責めず自死するほどの人の良さは決してマイナスだけではない。成長性の高い第3次産業、なかんずくサービス産業に向いている。先進国は挙げて観光立国を唱え、国内でも観光に力を入れない地域はないほどだ。挨拶回りで各市町村長にお会いしても、地域再生への情熱を強く感じさせられた。

秋田の天地人を活《い》かして、秋田の再生を図るうえで、一番大切なものは、地域住民の意識である。地域づくりに関心を持ち積極的に参加する当事者意識のことである。憲法が保障する地方自治を改めて考えてみたい。憲法では国と異なり首長を直接選挙で選び、団体自治の理念を実践することが期待されている。その第一歩が官依存をやめることだ。徳川幕府の「依らしむべし、知らしむべからず」の悪《あ》しき伝統を打ち破って、住民自らが自分たちのコミュニティーを守り育てていかなければならない。国に補助金をねだっても、もはや「ない袖は振れない」状態なのだ。それぞれの地域がそれぞれの地域ビジョンを持ち、住民がその実現に積極的に参加していく気構えが必要だ。産学官が一体となって地域課題に取り組み、地域ビジョンを実現する努力を期待したい。

（2009年10月19日）

草食系の日本男子

日本でも、異性や金銭に興味を示さない若者が増えているらしい。物質的に恵まれてくると、欲望の強さを減殺してしまうのであろうか。贅沢《ぜいたく》な食事が続くと、むしろさっぱりした食物への嗜好《しこう》を高めるのと同じということか。食への欲求の減退は、五感（視、聴、嗅、味、触）の退歩が原因だと指摘する識者もいる。「空腹が一番の調味料」という格言からすれば、五味（甘い、酸っぱい、塩《しょ》っぱい、苦い、辛い）も、食への関心と空腹が二つとも揃《そろ》わないと、調味料として機能しないということらしい。食卓の品数よりもサプリメントの数が多いような、昨今の異常な健康ブームをみるにつけ、五感が喪《うしな》われて食物への関心が減殺されてしまっている今の日本人に、生命力の衰退を感じるのは、私だけであろうか。

食への関心は別として、一人っ子が両親と2組の祖父母たち計6人から可愛《かわい》がられて育つから、独立して1戸を構える意欲も乏しくなるのも自然な成り行きというものだ。

少子化で子供の数が減っていく傾向に、「自立した日本人」が育つのか、本当に心配になる。若者たちの晩婚化の傾向は、直ちに少子化の原因となっているから看過できないのだ。

堺屋太一氏は近著「凄い時代」で、少子化対策として若年出産を勧めている。託児所の充実や育児休暇・育児給付金などよりも、初産年齢の引き下げの方が効果が大きいと指摘している。この初産年齢をみると、アメリカの若年出産率が高く、フランスやイギリスも近年向上しているという。他方、韓国、香港、中国沿岸部の都市などは低い。堺屋氏は、教育→就職→結婚→出産→育児という人生順序を変えたらどうかと提案しておられる。教育が高度化して教育期間が延びれば、就職も結婚も遅れる。香港や韓国などの新興工業国は24歳未満の出生率がアメリカの3割程度と低い。それに引き換え、欧米先進国は、学生結婚も多いし、結婚・就職をしてから大学に入る人も珍しくない。女子大生の多い大学には託児所を設け、ママさん学生には十分な奨学資金を貸与する制度を検討すべきと提言しておられる。

その昔、1970年製作で世界中を沸かせた米国映画「ある愛の詩」では、ハーバード大学のロースクールに通う学生が、隣のラドクリフ女子大の学生と恋に落ち、卒業前に結婚する。彼女が白血病で25歳の生命を終える悲恋のラブストーリーである。私が印象強く記憶しているのは、男子学生は富豪の息子であるにもかかわらず、二人ともアルバイトで親からの支援を受けていないことだった。親がかりで、自立するまでのモラトリアム（猶予）期間が長い近頃《ごろ》の風潮に照らし、自立する男女の純粋な愛の形が印象深かった。

社会制度としての結婚も、「自立する個人」が前提であるべきだが、就職についても、安定志向の会社選びではなく、自らの能力適性に合致した「自立する職業人」を目指す就職であってほしい。昨今話題になる「地域主権型道州制」についても、地域住民の「自立した地域主権」の意識がなによりも大切と思われる。

（2009年11月16日）

小さいことはいいことだ

血なまぐさい戦争や革命はなくても、今が時代の変わり目と、誰の目にも映っているのではあるまいか。

情報通信技術（ＩＴ）の革新で、瞬時にあらゆる出来事が地球の隅々に伝えられ、人類は小さい宇宙船地球号に乗り合わせ、相互に地球環境を共有していると実感させられるようになった。また、日本を含む先進国が成長経済から成熟経済へ移行し始めて、中国やインドなど新興国が成長の主役に躍り出ている。移民大国アメリカはユニラテラリズム（米国一極支配）を改めて、中国との協調の道を模索し始めている（Ｇ８からＧ２へ）。

日本国内にあっても、少子高齢化が急速に進行する中で、変化は多方面で生じている。政治の世界では、自民党から民主党に政権が移り、新機軸が打ち出されたようだが、逆戻りしているものもある。郵政民営化などは明らかに逆戻りだ。時代の変化は一本調子で移り変わるわけではない。行きつ戻りつしつつ進行する。しかし、地方分権の流れは、今や政権が変わっても押し戻されることのない必然となりつつある。東京一極集中が見直され地方は国の助けを借りずに、自立することが求められている。これからの地方は、それぞれの地域の住民の意識と結束にかかっている。秋田にとっては、チャンスであると同時にさらなる危機にもなる。

経済の世界も、グローバリズムの大波が押し寄せて、地球が丸ごと巨大な市場となった観がある。各国の有力企業が、合併や買収（M&A）を繰り返し、巨大企業が世界市場を独占するまで巨大化を続けそうな雲行きである。競争が進歩を生み、人々に豊かさをもたらすとする資本主義の原点が見失われつつあるように懸念される。先行き、地球規模での独占禁止法が必要になるかもしれない。

しかしながら、巨大化は大きなリスクを背負うこととなる。最大のリスクは経営管理の難しさだ。事業規模の拡大は、多様化する取引先のニーズにきめ細かく対応することが難しくなるうえに、組織の巨大化を招来し、動きの鈍い硬直的な業務運営になりがちである。さらには巨大組織を率いるリーダーの経営能力の限界を超えるに至る。アメリカ資本主義の象徴であるGMや日本における日本航空の行き詰まりは象徴的だ。

成熟化した日本の先行き経済は、引き続き中国など新興国マーケットへの積極参入を図ることは継続されるとして、国内需要の新しいニーズ（健康、環境、安全など時代のキーワード産業、食文化や観光産業など人生の質を高める産業）の掘り起こしが期待されている。これらはいずれも多様化した消費者の需要に応える産業だ。消費者のウォンツ（欲求）を商品やサービスにし、創意と試行錯誤を繰り返す中小企業者に向いた産業である。金融は世界的に余剰な状況にあり、労働市場の流動性も高まっている。知識や技術も手に入り易《やす》い時代、残されているのは起業家魂の勇気だけではあるまいか。秋田は農業・林業・水産業の基盤にも恵まれ、自然環境や歴史・文化にも引けをとらない。事業家の夢を思う存分追い求めるロマンあるチャレンジャーの輩出を期待したいものだ。

（２００９年12月21日）

辺境の異端児

50有余年ぶりに故郷へ帰って、有《あ》り難《がた》いことに人生最後の職に就かせてもらっている。地元での生活に慣れるにつれ、昔の秋田の元気が感じられない淋《さび》しさを実感している。急速な少子高齢化と人口減少が、かつてのスポーツ王国秋田などにみられた元気を奪っているのであろうか。

そもそも日本全体がある種の閉塞《へいそく》感に覆われている。戦後の荒廃の中から立ち上がり、世界第2位の経済大国にまで上り詰め、一時は21世紀は日本の世紀（ジャパン・アズ・ナンバーワン）とまでいわれた時期もあった。今や東京一極集中が過度に進行し、地方は急速に荒廃しつつある。その東京にしても競争社会の過度の進行でうつ病症状を呈している。一極集中の東京を見渡しても日本を救う、力強いリーダーは見当たらない。

NHKが大河ドラマ「龍馬伝」や日露戦争を頂点とする明治人たちの「坂の上の雲」の青春群像を取り上げているが、果たして現在の日本人に活を入れる、どれほどの効果があるのであろうか。

しかし、日本のみならず世界の歴史を顧みると、行き詰まった時代を変革するのは、決まって「辺境の異端児」である。西欧の歴史がそうであり、米国がまさにそうだ。中国など何度辺境の民に権力（王朝）をとって代わられたことであろうか。

ところで日本の場合、荒廃しつつある地方、秋田にその活力を賦活できないものであろうか。

私は、何よりも必要なことは県民の危機感であろうと思う。「楢山節考」では、息子が老母を背負って捨てに行く。このままでは故郷自体が姥捨山《うばすてやま》のような状態になるのではないか。

東北には、太古の昔から中央へのルサンチマン（遺恨）がある。維新以降の「白河以北、一山百文」のコンプレックスを、私などは、東京での職業人生で存分に活力にさせてもらった。

東北人の、俊敏な動きは苦手ながら、我慢強く、粘り強い特性を発揮して、秋田再生のエネルギーに転化できないものであろうか。

課題は⑴再生の旗印⑵県民のコンセンサス⑶リーダーシップ―であろう。

⑴秋田をどうしたいのかは、挙げて、秋田の個性・特徴をあらためて再認識するところから始まる。そのうえで、どういう秋田を再生したいのかのビジョンを作り上げねばならない。⑵問題は、それが県民全体の統一したコンセンサスとしてまとめられるかだ。地方公共団体（主に県・市町村等首長）、民間（各地商工会議所・商工会）、住民（NPO法人・ボランティア他）、それに研究機関（秋田にある大学は、秋田の諸々《もろもろ》の地域課題を大切な研究テーマにぜひ盛り込んでほしい）、最後はこれらを牽引《けんいん》する強いリーダーの存在だ。リーダーは最初からは存在しない。こうした活動の中から育ってくるはずだ。

私自身も古来稀《まれ》なりの齢《よわい》をとうに過ぎた老耄《おいぼれ》ながら、少しでもお役に立って、生まれ故郷へのせめてもの恩返しができないものかと念じている。


（2010年1月25日）

望郷

郷里秋田の高校を卒業して54年がたつ。首都圏在住の同期生が毎年1回、小正月の2月に都心の飲み屋に集っている。既に古希を過ぎた昔の仲間が30人前後集い、昔を懐かしんでいる。校旗の前で校歌を斉唱し、この1年間の物故者に黙祷《もくとう》を捧《ささ》げ、乾杯に移る。東京を離れて16年もたつが、未《いま》だに正規メンバーに入れてもらっている。発言の機会を与えられて、自分でも少々長いと思われるスピーチをした。以下要旨を綴《つづ》る。

「1年ぶりの会合となるが、ついこの間会ったばかりのような気分である。加齢とともに時間の間隔が短く感じられるが、時間感覚は年齢で割り算した解と相関するといっている学者がいる。我々《われわれ》は1学年10クラス500人も同期生がいたわけだから、今日の仲間も親疎にばらつきはあると思う。しかし小生は皆と交わされる話題の中に毎年新しい発見をしている。本日出席していない仲間やそれにつながる人々の動静、郷土の話題など誠に新鮮であると同時に、同世代であるから、老いを楽しんでいる仲間それぞれの生き方についても随分勉強になる。今日の出会いを存分に楽しみたい」

「ところで、小生は昨年11月から秋田市に居を移して、北都銀行の経営に参画することとなった。未《ま》だ半年もたっていないが、小生の見知った郷土秋田の近況や印象を報告したい。我々が卒業した頃《ころ》は、戦後の混乱が一段落し、高度成長へ突き進み始めた時期で、映画『三丁目の夕日』の時代背景が、丁度《ちょうど》その頃であった。我々東北人が職を求めて上京した玄関口が上野駅であった。今でも井沢八郎の演歌『あゝ上野駅』を聴くとジーンとくる。

失われた10年といわれる20世紀最後の10年あたりから日本はおかしくなった。東京は過度の競争社会、うつ病患者の巣のようになり、通勤途中での飛び込み自殺は日常茶飯事だ。地方は人口が減り続け、とめどない少子高齢化が進行している。秋田もその例外ではない。秋田駅からお堀端の広小路通りは、往時のにぎわいが想像できないほど寂《さび》れている。日赤跡地の再開発をめぐって新しい動きも進行しているが、いまひとつ物足りない」

「しかしながら、秋田県人の陽気で明るく、人に優しい県民性が、これから力を発揮しそうな予感がしている。兆しの一つは、大腸がんの世界的権威である工藤進英博士の提唱される『観光医療』である。診断や治療を自然環境に優れた秋田で行うとするもの。国内は勿論《もちろん》、世界各地から患者を呼び込める医療先進地構想だ。

また、国際教養大学の存在も大きな期待を感じさせる。授業は全《すべ》て英語、1年間は海外留学を必須とし、都会を離れた自然豊かなキャンパスで学生生活を過ごす。高い就職率に支えられ人気はうなぎ上りである。小中学生の成績水準の高さと結びつけた教育立県構想の可能性と夢はふくらむ。

要は、実践あるのみながら、厳しい地方財政のもとでは、県民の知恵と協力に頼るしかない。『帰りなんいざ、田園まさにあれなんとす』だ。在京の諸君も是非《ぜひ》、人脈や情報を提供してほしい」

話し終わってから、郷里再生の話に花が咲いて嬉《うれ》しかった。

（2010年3月1日）

老年学の世界

私事にわたるが、齢《よわい》70を超えると、流石《さすが》に老いを自覚させられる。長寿社会といわれ気持ちの上ではあまり変わらないと思っても、同世代の仲間の訃報《ふほう》に接すると、明日はわが身かと、準備不足に慄然《りつぜん》とする。

引っ越し後の書棚の整理で、今から30年も前に出版された「生きがいの老年学」（小林宏著）に出合った。著者は大正12年生まれとのことであるから、当時50代半ばを過ぎて、自らの老いを実感しつつ、考察を深められたようである。「老い」の哲学的考察ともいうべき書で、実に参考になった。

「老いは、単に生理的現象であるだけでなく、同時に人間的現象である」とある。体力の衰えなどからの自覚よりも、社会心理的な要因、例えば周囲から年寄り扱いをされるとか、精神的な面での影響が大きいようだ。現役世代から疎外されていると思う「みじめさ」と、他方、長い人生を生きてきた体験や知恵という精神的成熟との間にあって揺れる心理が、著者のいう人間的現象であるらしい。

面白いことに、老人についての受けとめ方が、西洋と東洋では異なるという。欧米では老いを心理的に嫌悪する感情が強いのに、東洋では「老いの悟り」が敬意をもって扱われるとのことである。この年齢になると東洋人であることを喜ぶべきか。

本書が出版された時期、日本は経済成長が続いていた。それから30年たち、安定成長とはいえ、今やデフレ経済に見舞われ西欧先進国も及ばぬ速度で少子高齢化が進行して、日本の未来に夢を持てなくなっている。既に65歳以上の老齢人口が、日本全体で2割を超え、秋田県は3割を超す勢いの高齢先進県だ。長生きを素直に喜べない現実が進行して、老人に対する東洋的寛容も様相が変わってきているのではあるまいか。先行きに明るさがみえない現状は、少子化問題と併せ、日本政治の最も緊急の課題であるべきだ。老後の生活を支える年金制度にしても、疾病や傷害のための健康保険についても、安心と程遠い政治課題として残されている。

高齢化の先輩国である欧米には、老年学（ジェロントロジー）という学問分野がある。

健康で長生きするための広範囲にわたる学問である。団塊の世代なども扱う老年社会学、配偶者との死別のサポート等の死生学を含む老年心理学、予防医学を含む老化と疾病・介護のための医学など、カバー領域は頗《すこぶ》る広範囲である。クオリティー・オブ・ライフ（人生の質）の観点からは、金融業も含め、あらゆる産業が老年学の対象領域だ。

ともあれ、老後の人生設計は一人一人の人生観による。一義的な答えはない。「もう十分、他人のために生きてきた。われわれは、せめてこの余生を自分のために生きよう」（モンテーニュ）は、欧米人に特徴的な老後の生き方らしい。私はといえば、人様に少しでも迷惑をかけないで、できれば少しでも世の中のお役に立つ生き方をしたいものだ。それすらもかなわなくなったら、お世話になった人々に心から感謝して旅立ちたいと念じている。

（2010年3月29日）

手続きの文化

このところ参院選を直前に控え、新党結成が相次いでいる。「たちあがれ日本」「日本創新党」「大阪維新の会」「新党改革」等々である。どうやら政権（権力）を失った自民党の分解過程の様相を呈してきた。国民の失望を買っている民主党も、雑音は聞こえてくるが分裂の動きはない。権力の魔力というべきか。

一連の動きの中で、共感を覚えるのは、「日本創新党」である。党首は山田宏東京都杉並区長である。区長として10年余りで財政再建を成し遂げた実績を踏まえ、「国家の自立、地方の自立、国民の自立」を訴えての結党である。中央政府に依存しない自立の精神で地域の自活と発展を担う心意気が良い。パートナーの中田宏前横浜市長とは松下政経塾で共に学んだ先輩後輩の間柄だそうだ。官僚的発想ではなく、自立を強調して民間人の志と手法をにじませている。

時代は大きく変化しつつあり、しかも変化が加速している状況下にあっては、素早い対応が生き残りの道だ。「官から民へ」のスローガンも、このことと関連している。官僚主義的組織では、この荒波は乗り切れない。官僚主義的組織は手続きを重視する。結果よりも手続きが重視される。規則（手続き）がなければ動けない規則優先の文化だ。結果や成果を何よりも重視する民間の文化とは対極にある。段取りや手続きが、決められている通り行われていれば、失敗も責められない。この手続き重視の延長線上に、前例踏襲・横並びの文化がある。

他方、決められた手続きや規則に違反して生じた失敗は、厳しい指弾を受ける。この延長線上に、指示待ち文化や減点主義文化がはびこる。〝大過なく〟任務を終える最善の方策は、不作為や怠業（サボタージュ）である。実績がなくとも、上下や周囲への気配りのよい人が〝出世〟する風土だ。

民間人の心意気とは、失敗を恐れず失敗を生かす「挑戦する精神（チャレンジングマインド）」のことだ。組織のモラール（士気）は、いかに組織構成員一人一人が、この挑戦する気概をもって仕事に取り組むかにかかっている。最近従業員満足度（ES）を重視する企業が増えているのは、まさに企業が挑戦の機会を提供し、その成果に報いて従業員のやる気を引き出す目的からだ。

「官僚的組織風土一掃」の課題は、民間企業だけのものではない。むしろ行政組織そのものの最も重要な課題だ。本来優秀と目された行政マンは、硬直化した既存の規則やルールに縛られて、時代の変化、特に地方の衰退への迅速な対応に立ち遅れてはならない。平成の大合併もこの3月で終了し、秋田県は69市町村が25まで減少した。新しい地方自治体をどう再構築し、活性化させるかが最大のテーマだ。

われらが郷土秋田は今、人口減少率全国第1位。経済は長らく低迷のふちを這《は》っている。秋田再生の議論は既に出尽くしの観があり、あとは実践の段階ではあるまいか。秋田再生の担い手に官も民もない。「手続きの文化」を払拭《ふっしょく》し、秋田再生の旗印のもと、地方から日本を変革する気概をもって、日本再生の突破口につなげていきたいものだ。

（2010年5月3日）

日本のギリシャ悲劇

昨年10月にギリシャ政府の財政赤字が発覚してからユーロ危機が止まらない。EUとIMFがこの5月、計1100億ユーロの金融支援を決めてからも治まる気配がない。スペインやポルトガルに波及しかねない不穏な動きもみえ、世界の金融市場はおびえている。EUの小国にすぎないギリシャの借財が国際証券化して世界経済全体の金融危機を惹起《じゃっき》する構図は、2年前のリーマンショックと同じだ。

しかし今回の危機は、国の財政規律の問題に端を発しているところに特徴がある。その国の国債が信用を失うと回収可能性への懸念から、国債を保有している各国の金融機関の疑心暗鬼を生み、金融機関同士の相互不信が増幅して、金融システム全体が機能まひを起こす。

EUは通貨をユーロという統一通貨に統合したが、財政は各国の裁量に委ねられている。財政収支の赤字幅を一定限度の範囲（3％以内）に収めることが合意されてはいる。

それを粉飾で覆い隠していたことが発覚し、騒動となった。

ところで、日本の財政赤字の突出ぶりは異常だ。ギリシャがGDPの110%(2008年ベース)に対し、日本は2倍近い178%だ。EU主要国中、最悪のイタリアでもGDPの枠内に収まっている(98%)。ちなみにアメリカは40%。ドイツ38%だ。

日本はこれまでの経済大国としての余光が幸いして金融不安(金融危機)が生じていないだけだ。個人金融資産が1400兆円(GDPの約2・8倍)あるから大丈夫という言われ方もするが、大事な老後の虎の子を先行き心配な日本国債で持ち続けてくれる保証はない。人口減少社会に突入し、既に労働力の提供力が先細って、経済成長を期待するのも難しい状況になっている。円の価値が失速しない保証はない。財政再建は不可欠な国策とならざるを得ない。

地方はさらに厳しい状況におかれているとみなければならない。補助金はおろか、地方交付税も先細りしていくことを前提に地方財政を考えなければならない。みえてくるのは、地域間格差の拡大だ。秋田を寂れる郷土にはしたくないものだ。

奥羽山脈に支えられた自然環境や歴史文化の観光資源。米で栄えた農業県としての基盤。東アジアの世紀といわれる中、日本海に面している強みもある。決して悲観的な材料ばかりではない。要は、地元県民の意識にかかっている。

秋田再生には、中央に依存しないわれわれ住民の強い自立意識が大切だ。次には、行政も民間も大学もＮＰＯも力を合わせること。そのための「郷土づくりのビジョン」が必要だ。

『「秋田をこう変えよう」ＰＡＲＴ3完結編』（21委員会編）を拝読して驚いた。既に議論はし尽くされている。後はコンセンサスの取り付けと実践ではないかと意を強くした。例えば佐野元彦氏の「秋田県の将来『秋田の可能性に賭ける』」。県内で創出した価値を県外市場に販売し、県外から人と物の流入を図ることについて、１次産業の高付加価値化や新しい産業の育成など、実践すべき挑戦項目が具体的に示されている。県民一人一人が何らかのプロジェクトに参加し行動を起こすならば、21世紀の明るい秋田がみえてくる。

（２０１０年5月31日）

参院選考現学

さる6月24日に公示された参議院選挙は、昨年の政権交代後、初めての本格的な国政選挙とあって、梅雨空の下、7月11日の投票に向けて選挙カーから熱気が伝わってくる。

小選挙区制で担保したはずの二大政党制も、初めて政権の座についた民主党の政権党としての未熟さゆえの混迷に加えて、それまでの政権党であった自民党の権力を失った後の求心力喪失で脱党・独立の動きが加速し、超多数政党時代に突入した。

時代の大きな変わり目にあっては、政治のリーダーは、回転する影絵灯籠《どうろう》のように次々と移り変わっていくのが常だ。議会政治の歴史、中でも敗戦に至るまでの昭和初期の憲政史はその典型であろう。

中国など新興国の目覚ましい発展と対照的に、経済の長引く低迷とともに日本の先行きへの不安が強まっている現状では、次の時代の国家像をめぐり百家争鳴の論争が起こっても不自然ではない。

政党のそれぞれの主張について、私が注目しているのは地方自治への姿勢である。戦後の民主憲法で、建前だけに終わっているのが地方自治だ。憲法の92〜95条には、地方自治体の長は住民の直接選挙によると規定されているほか、国との関係等は「地方自治の本旨」に基づいて法律で定めるとあるのみである。

その他の地方自治の権限と責任は、戦前踏襲の中央官僚依存の体制が温存されてしまった。国家財政の窮乏が直接地方財政へツケを回されている現状は、その結果である。

私は、今の東京一極集中は危ないとみる。地震やテロ等の災害のリスクのことだけではない。情報や競争が過度に集中しすぎて、熱力学でいうエントロピー増大の法則が当てはまる。無秩序が拡散して止まらない状態に達する。瑣末《さまつ》な情報や無駄な競争が拡散して本質が見失われてしまっている。

日本は、狭いとはいえ1億2千万人を超える人口を擁し、多様で多彩な特徴ある地方の集合体である。その地方の特徴や持ち味を生かして、日本再生の芽を多く育て競わせる。かつて地方から人・物・金を中央に吸い上げて中央一極集中を果たしたその逆を、今回はやったらいいと信じている。集まり過ぎてエントロピーが増大してやまない現状から、地方に分散し多様な発想と活力を再生させるよう転換するべきだ。

高校時代の同期生に上小阿仁村の小林宏晨村長がいる。村は県内で人口が最も少なく、少子高齢化が進む。その中で乏しい財源から第1子に5万円、第2子に50万円、第3子100万円、第4子以降に200万円を祝い金として贈呈、子育てを奨励している。さらにグローバル時代のコミュニケーションツールとしての英語を、小学校に外国人教師を招いて教えている。

それぞれの地域が、自らの強みと弱みを熟知して、地域資源を目いっぱい生かす知恵を出し合い、住民が力を合わせて地方再生に汗を流す。地方自治が国政に自信を与え、日本の未来に明るい希望の光をもたらすと信じたい。

今回の選挙は、地方の自立、地方の再生にどれだけの構想と情熱を持っているかを基準に、選挙権を行使したい。

（2010年7月5日）

ぜいたくな時間

この夏、地元の友人に勧められて、田沢湖と角館の中間にある夏瀬温泉で唯一の旅館「都わすれ」に1泊した。国道46号線をそれて、舗装されていない林道を7キロ。車がすれ違うのも難しい凸凹道を揺られて、所々神代ダムのるり色の湖面を、うっそうとした雑木林のすき間から眺めながら、おもむろに別世界に入っていく。

周囲を山々に囲まれ森閑とした台地に、平屋建てで、客室わずかに10室という目指す宿に着いた。それぞれの部屋に源泉掛け流しの露天風呂が付いている。「一切の都会的なわずらわしさを遮断した、静謐《せいひつ》な自分だけの時間を取り戻す宿」をコンセプトにしているということらしい。友人の話によれば、携帯電話もテレビもないと脅されてきたが、新聞も衛星テレビも目立たぬように用意されていた。

部屋からの眺めは、緑一色に覆われ、森の中にいるような気分になる。窓を開ければ小鳥のさえずりや川の瀬音が耳に心地よい。食事も地産地消のその土地柄の凝った料理であった。おかげで女房孝行を兼ねた老夫婦2人だけの得難い時間のぜいたくを堪能させてもらった。家内は「冥土の土産ができた」と笑っていた。恐らく、宿泊客は都会の喧騒《けんそう》や人間関係の煩わしさから逃れて、疲れた神経と肉体に休養を与える目的で来る人が大半であろう。ほとんどがリピーターであるとも聞いた。

この1泊の温泉旅行で、秋田の観光資源開発について考えさせられた。秋田はこの近辺にも乳頭温泉や玉川温泉など、野趣に富み、かつ医療面での効果が大きいといわれる温泉郷をたくさん抱えている。夏瀬温泉について言えば、裏手のつり橋から先の小道を整備すれば、秋の紅葉を満喫できる抱返り渓谷のトレッキングコースに接続できよう。森林浴の健康面での効果も喧伝《けんでん》されるべきであろう。

グローバリゼーションが加速する競争社会にあって、神経や精神の疲労を癒やすニーズも飛躍的に高まってきている。先進国中でも日本の自殺率は図抜けて高い。米国の2倍、英国の3倍と聞く。うつ病が増大しているのは競争社会の病理現象でもある。自然との触れ合いを欠いた都会人の賦活《ふかつ》に、秋田の観光資源は大いに威力を発揮し得ると確信した。

単なる気分転換や湯治の延長ではなく、旅人は、異なった地域での非日常の感動を求めている。地域は自然や歴史・文化を含め、あらゆる魅力をアピールするべきだ。観光産業に携わる人々だけの努力では足りない。地域の住民挙げて歓迎しアピールしなければならない。

明治維新を画策した長州藩の本拠地・萩を訪れた時、すれ違う地元の小中学生に笑顔で「こんにちは」とあいさつされて、いたく感激した思い出がある。観光産業に直接携わらない秋田おばこから、同様のあいさつを受けたらいかがであろう。

観光産業は経済波及効果が大きい。県内各地の観光資源をあらためて見直し、手を加え、交流人口を増やしていくことが、地域活性化の大きな原動力となると確信する。

（2010年8月16日）

農業大国日本

「失われた10年」が20年へと長引く中、日本はいまだに長期デフレ経済から脱出することができない。そのデフレに追い打ちをかける円高、国家ビジョンも国家戦略も見えない政権与党内の権力闘争、長寿社会を素直に喜べない高齢者の孤独死などなど。日本全体がうつむき加減で、政治も経済も社会も明るさを見いだし得ないでいるように見える。

わが秋田県も、47都道府県の比較で、元気の出ない指標が目立つ。人口減少率、自殺率、がん死亡率等で全国ワーストを続けている。

そんな中、日本にとっても秋田にとっても勇気づけられる新書が売れている。「日本は世界第五位の農業大国」（浅川芳裕著、講談社）がそれだ。世界各国の農業生産額の順位は、1位中国、2位アメリカ、3位インド、4位ブラジル、5位日本、6位フランスと続く。著者の主張は、日本人はカロリーベースの食料自給率（40％）の数字に惑わされて日本農業の実力を見失っている。農林水産省の陰謀にまんまと乗せられている――というものだ。

人口減少と少子高齢化が進行する中で、摂取しなければならないカロリーの量がそもそも減っている。さらに、食生活の変化に伴って低カロリー食材の需要が高まっている。その影響で主食の米の需要は減退し、減反を余儀なくされている。農業人口の減少も、農業の生産性が高まった成果と考えるべきであり、「農業人口減少イコール農業衰退」の幻想を抱かせてはならない――。

さらに著者は、「農業は成長産業」が今や世界の常識と説く。農業は「世界の人類」という広い顧客層を持っている。農産物貿易額は順調に伸びており、特に2000年以降顕著である。意外にも増えているのが欧州連合（EU）であり、新興4カ国（BRICs）の3倍近い伸びを示している。EUでは圏内の経済や交易の自由化により、豊かな食生活を競い合う食品産業の発展を背景にした農業ビジネスが活性化しているという。

かつては日本と同レベルであった輸出額は、この40年間でイギリスが200倍、ドイツが70倍増えている。日本はわずか9・5倍である。これは国内顧客に依存し、海外顧客の開拓を行ってこなかったツケだと著者は指摘している。

農業をめぐる課題はもちろん多い。しかしながら保護政策一本で考えては、伸びる力を抑え込んでしまうことになりかねない。

農業県である秋田県も、国内ばかりに目を奪われるのではなく、海外への視点が特に重要である。日本農業は安全・安心であることに加え、質が高いと海外が評価している。輸出への傾斜を強めるにあたり、1次産品に食品加工というプロセスを加えて、付加価値を高める努力も必要であろう。

不透明な海外へ挑戦する気骨ある企業家や団体の輩出を期待するとともに、それを促すもろもろの環境整備を行政当局に強く要望したい。及ばずながら、地方銀行もそのお手伝いをしたいと考え行動している。

（2010年9月20日）

自己実現

銀行の経営に携わって二十有余年になる。その間、銀行も含め随分多くの企業の盛衰をみてきた。隆盛を極める企業は、それぞれ個性的で独自の哲学（理念）と文化を持っている。しかしつぶれる企業には、奇妙に三つの共通点がある。

第一は、組織に上から下まで危機感がないこと。周囲は大丈夫かと気をもむが、一向に気にせず安逸をむさぼっている。成長・発展している企業は、絶えずある種の危機感と闘っているものだ。

第二は、組織が見事に官僚化・硬直化していること。前例踏襲・横並びが行動原理になっていて、結果についてはその責めを問われない。むしろ今までと違った発想や行動で問題を引き起こせば、組織から排除される。慣例と手続きが何よりも尊重される文化だ。失敗が次の成功への大事な糧となる「挑戦の気概（チャレンジング・マインド）」が欠落している。

第三は、トップの経営力に問題があることだ。人間的に味があり、付き合って面白い人物は多いが、そんな人が危機に気付かず、大事な局面で的確な行動を取れずに悲劇の経営者となる例は多い。経営は結局トップ次第といわれるゆえんだ。

営利を目的とする民間企業のみならず、大学や病院、さらには自治体やNPO法人に至るまで、その組織を維持・発展させるためには、組織運営上の原理原則を踏んでいることが大切である。経営学の泰斗ドラッカーが、このところ再び脚光を浴びているのは、あらゆる組織に共通する原理原則が説かれているからであろう。

最近「もし高校野球の女子マネージャーがドラッカーの『マネジメント』を読んだら」がベストセラーになっているらしい。われわれ経営管理者の教科書が、全員の知恵と汗で勝ち取る甲子園出場の物語にも生かされるようだ。

組織運営のプロの一番腐心するところは、全従業員のモラール（やる気）をどう高めるかだ。働く者の立場からはインセンティブ（動機付け）ということになる。

動機付けには、有名な「マズローの欲求の五段階」がある。まずは生存（衣食住）の欲求。次は安全のニーズ。三番目は帰属の欲求。心地よい仲間や組織に属したいということだ。四番目は栄誉を求める欲求である。五番目の究極の欲求は、自己実現だというのだ。

敗戦直後は食を確保できるだけで十分働く動機付けとなった。しかし今や飽食の時代。あらゆる物が容易に手に入り、働きがい、仕事のやりがいを実感する仕事や役割でないとインセンティブにならない。経営管理者は等しく、従業員一人一人が自己実現を果たせるようにする厄介な課題を背負っているということだ。

働きがいの構造は二つの要素から成る。第一は、働く者自身が仕事を通して成長していると実感することであり、第二は、その努力によって組織やチームの共通の目標を達成する喜びを実感することである。

組織やチームの共通の目標を秋田再生（秋田を元気にする）と置き換えると、およそ秋田にゆかりのある人ならば、最高の自己実現へ挑戦するチャンスを得たこととなるのではあるまいか。

（2010年10月18日）

人口オーナス

秋田県の将来が危惧《きぐ》される指標として人口減少率が挙げられる。全国47都道府県で最も高い。経済成長には資本、労働力、生産性の三つの要素が必要とされる。日本の場合、労働力の不足が成長の足かせとなってきている。

日本の人口は2005年から減り始めているが、生産年齢人口といわれる15歳から64歳までの人口は、既に15年ほど前から減り始めていた。低成長が続き、経済的に成熟社会に入ったと認識されるゆえんだ。

振り返れば、日本の人口は20世紀の間に3倍増と急増した。1億人に到達したのは1968年で、60歳未満人口は90%を占めていた。高度成長真っ盛りのころである。戦後の多産多死社会から少産少死社会へと移行し、その過程で高齢者と子供の比率が共に小さくなり、生産年齢人口が増える「人口ボーナス」の現象を呈し、60年代の高度成長を支えた。

しかし、この「人口ボーナス」も20世紀中に終焉《しゅうえん》を迎え、90年代のバブル崩壊直後あたりから「人口オーナス(重荷)」期に入り込んでいる。2045年には日本の人口が1億人を切り、60歳以上人口が45%になると予測されている。この傾向が止まらない場合、21世紀中には人口が逆に3分の1にまで減少するという。

合計特殊出生率が急落し「1・57ショック」といわれたのが1989年。同出生率はその後も下がり続け、2005年には最低の1・26を記録した。直近の2009年には1・37と改善されたが、小幅にとどまっている。

少子化の要因は未婚化（晩婚と非婚）と、1組の夫婦がもうける子供の数の減少であるが、全国地方銀行協会が発行する「地銀協月報」（10月号）によれば、圧倒的に未婚化の影響が大きいという。

人口減少率が1位である理由として、主として首都圏に人材を供給し続けていることも大きい。地方経済の疲弊が雇用の場を狭め、人口流出を余儀なくされている。

首都圏では合計特殊出生率が下げ止まりの兆しをみせているのに対し、地方では下げ止まる気配がみられない。地方での独自の対策が求められている。そのためには国策レベルで権限・財源・人間の「三ゲン」を地方に移譲する地方分権（地域主権）の推進が急がれる。同時に、それぞれの地域が「自立・自律・自浄」の精神で、地域再生を図らなければならない。空き家や空き地が散在し、周辺部の過疎化と1人世帯の孤立が目立つ中で、地域社会の崩壊を食い止め、真に長寿社会を楽しむことが可能な新しいコミュニティーの構築を推し進めねばならない。

「平成の大合併」によって、秋田は69あった市町村が25まで統合された。統合後の展望がどこまで具現化されたであろうか。合併した自治体も、単独の道を選択した自治体も、各首長の奮闘が続いている。

各市町村が自らの地域にふさわしいコミュニティーについて住民のコンセンサスを取り付け、市町村職員と住民が一体となって新しい地域づくりに取り組まねばならない。その苦闘の中から、真の自治の精神が定着するものと期待したい。

（2010年11月15日）

盤面これ宇宙

季節感が乏しくなったといわれる現代社会にあっても、年末は何かと気ぜわしい。疲れがたまりやすく、病に倒れないまでも、心の余裕を失い、人間関係を損ねたり、判断ミスを犯したりする。多忙な経営者を多く見てきて感じるのは、優れた趣味人が多いことだ。趣味は気分転換には持ってこいだ。確かに効果は抜群である。

私の場合、数少ない趣味に囲碁がある。父が碁をよく打っていたので、小さい時から自然と覚えることになった。碁の上達には、相手と勝負を競うことで実力を伸長する実践派と、棋書をひもといて力を蓄える書斎派に分かれるが、前者の代表格は坂田栄男であり、後者は呉清源である。父は実践には弱い書斎派であったから、狭いわが家には囲碁の本や雑誌が所狭しと積み上げられていた。おかげで学生時代、帰省しては囲碁読本にふけった。就職してからは実践派に転向して、アマチュアの五段の免状を頂戴するまでに上達した。

私は囲碁からは、単なる気分転換以上に、人生の知恵を多く授かった。色紙に「盤面これ宇宙」と盛んに墨書するプロがいた。同感である。人生のもろもろの知恵が、縦横19本ずつの線が交わる盤の中にある。

例えば実利と厚みの選択もその一つだ。碁は陣取りゲームの一種ながら、実質的な地（陣地）を確保するよりも、将来に備えた厚みの着手が大切なことがある。実利を確保して、後は相手の追及をかわすプロもいれば、その逆を好むプロもいる。棋風といわれる。私は、人生は厚み重視でいきたいと念じている。

碁の上達には三つの方策がある。第一は、競争相手を選ぶことである。自分の棋力を若干上回る碁敵を見つけて、負けたら泣きだすくらい悔しがると強くなる。第二は、よき師につくことである。高段者であればあるほど好ましい。我流を戒めてくれる。儒教の教え（為政）「思いて学ばざれば則《すなわ》ち殆《あや》うし」である。師につかず自分の頭だけで上達する人もいる。しかし限界や片寄りが生じて大成できない。第三は古今東西の棋書をひもとくことである。最善手を求めて争った名棋譜を碁盤に並べてみることを通して、

「囲碁とは何か」を探究することとなる。呉清源は「碁は中庸なり」と喝破した。競い合う両者のバランスをこそ、重視している。盤面361目（点）のうち1目を残せば足ると、むさぼることを厳に戒めている。

囲碁は中国で発明され、平安のころ日本に輸入された。その後、戦国時代に日本流のルールが加えられ、深化した。中国では囲碁はスポーツとして扱われている。限られた時間内での読みのスピードと正確さを競うからであろう。

しかしながら、存分に時間をかけ、一局に碁打ちの生命をかける「烏鷺《うろ》の争い」こそ、後世に伝える価値ある囲碁の芸道ではあるまいか。川端康成の短編に「名人」がある。戦前の本因坊家最後の名人秀哉と木谷実との対局の観戦実録である。名人が体調を崩し、その回復を待って何度も打ち継がれた昭和の名局であった。

（2010年12月20日）

幸福と希望

年が明け21世紀の2回目の旬年を迎えたが、日本はもとより欧米先進国も一様にさえない。中国など新興国の成長のみが目立ち、先進国はおしなべて政権が不安定で、民主主義が機能不全を起こしているかのようだ。

過日、元国連事務次長でカンボジアの和平やユーゴスラビアの内戦沈静化に尽力した明石康さん（大館市比内町出身）と対談する機会に恵まれた。明石さんは米国憲法制定の歴史に触れ、民主主義が抱える危うさを当時の憲法起草者が既に懸念していたこと、その結果、大統領の選出は国民の直接投票によらず、州ごとに選挙人を選出し、選挙人が大統領を選定する仕組みになったとした。

現在も11月に各州で選挙人を選出し、翌年1月に選挙人が大統領の指名選挙を行うという慣例を踏襲している。民衆は時に冷静な判断を欠き、うわべの人気に惑わされたりするため、民主主義は有識者の知恵や判断を大切にしなければならないとの自覚があったという。

明石さんはさらに、与論《よろん》と世論《せろん》は違うと言われた。有識者の意向を集約したものが与論であり、マスコミが多用する政党支持率等の意識調査は世論であるという。

情報通信技術の革新が浸透してグローバリゼーションが急速に進行、地球全体がすさまじい変化を起こしている現代にあっては、表面の現象や問題に目を奪われず、広い視野と鋭い洞察力を持った哲人による政治の出現を待ちたいものである。

残念ながら、現在の政界の中には、それにふさわしい政治家が見当たらない。菅直人総理の掲げる「最小不幸社会の実現」は、日本の凋落《ちょうらく》を救うビジョンとしては、「ボキャブラリーの貧困」と言わざるを得ない。不幸をこれ以上拡大させたくないという、何とも消極的な表現に国民は失望している。さらに言えば、「幸福」という言葉には変化やリスクを忌避する現状維持の響きがある。変化の激しい現代にあって、変化をチャンスと捉え、変化に挑戦する「希望」こそが望ましい。今日本に欠けているのは、幸福の多寡ではなく、日本の未来に懸ける希望を実現しようとする気概ではないだろうか。

秋田の再生についても同様である。環太平洋連携協定（ＴＰＰ）の課題は、農業県である秋田に大きな負担を強いるとしても、これからの農業は大変な成長産業である。コメの輸出ルートの開拓や米粉の新しい用途の開発、コメ依存から「もうかる農業」への脱皮等、情報収集と知恵の限りを尽くして、日本の農業に明るい希望の灯をともしてほしいものだ。

21世紀の次の旬年は、中国を中心とした東アジアの世紀となろう。秋田は日本海を介して中国、ロシア、韓国という成長力旺盛な国々の対岸にある。資源不足が懸念される時代に、食料供給基地としての他、豊富な森林資源やレアメタルをリサイクルする鉱山技術などがある。成長の材料は山ほどある。

不足しているのは、自らリスクを取る起業家である。先進国はおしなべてアニマルスピリットが不足しているといわれる。秋田県人には特に耳の痛い指摘である。

（２０１１年１月24日）

医療観光

齢《よわい》70も過ぎると、さすがに「健康で長生き」の有り難みを実感するようになる。「無病息災」は願うべくもないが、身体のあっちこっちが悪くなっても、致命的な病根は早めに察知したくなる。私の場合は、毎年人間ドック入りを実践している。昔なじみの病院長が経営している横浜のクリニックに2泊3日のドック入りである。宿は山下公園前のホテルニューグランドに決めている。戦後、マッカーサーが初めて日本に上陸した時に宿舎としたホテルで、今でも3階のスイートは大切に保存されている。

横浜は明治の文明開化と歩みを共にした街であるから、レンガ造りの建物群が醸しだす雰囲気もノスタルジックである。宿から徒歩で30分以内には、横浜中華街や元町ショッピング街があり、坂を上って「港の見える丘公園」、外国人墓地と歩くと、異国情緒を存分に味わえる。氷川丸が係留されている山下埠頭《ふとう》から、湾内のシーバスで、赤レンガ倉庫やランドマークタワーを回って、ベイブリッジの景観を楽しむこともできる。

私共夫婦のささやかなメディカルツーリズムである。

今年から横浜の人間ドックを1泊2日と1日短縮した。短縮は大腸検査を省いたからだ。人間ドックの検査で一番の苦手が大腸検査である。絶食し下剤をかけられるのは耐えられるが、バリウムを腸いっぱいに注入されて、冷たい検査台にへばりつき、エックス線照射を受けながら上下左右と身体を転がされるのは、相当につらいことである。昨年、夫婦そろって、キャッスルホテル内の工藤進英先生のクリニックで大腸検査を受けてから、このつらさから脱出できた。苦痛は皆無、所要時間はわずかに15分。それでいてポリープを一つ切除されていた。検査前の打ち合わせも、術後のフォローも丁寧で行き届いている。

がんは死亡原因の第1位であるが、秋田ではいまや大腸がんが一番多くなったそうだ。工藤先生は、世界的な大腸がんの権威であり、陥凹型大腸がんの最初の発見者として有名である。私の高校時代の同級生の平山廉三君（東京医科歯科大病院消化器外科助教授、埼玉医大主任教授など歴任）が同じ専門医として激賞している。さらに同じ同級生の藤原研司君（東大病院第一内科講師、埼玉医大主任教授、横浜労災病院長など歴任）も褒めちぎっている。

工藤先生自身、郷里秋田で医療観光を展開したいとの意欲を示しておられる。秋田としてこの機会を逃すべきではあるまい。

秋田は観光資源に恵まれているが、残念ながらそれを振興するパワーに欠けている。本格的な医療観光を展開するには、行政と民間、それに医学界が力を合わせなくては難しい。側聞するところでは、この難題に挑戦する民間有志の動きもあると聞く。早くのろしを上げてほしい。微力ながらはせ参じたい。

日本全体が凋落《ちょうらく》を意識し始め、なかんずく地方の衰退が著しい中、地域は住民の意識と努力で良くもなれば悪くもなる。秋田がこの厳しい状況を乗り越えるには、郷土愛をエネルギーとし、失敗を恐れずに粘り強い根性を発揮するしかあるまい。「逆境をバネに」したいものだ。

（2010年2月21日）

大震災に思う

地震大国日本に、未曽有の大地震が襲来した。日本は地震研究や対策について蓄積があり、「ツナミ」という言葉は世界共通語にもなっている。しかし今回の地震は予知・予測の限界を超えていた。マグニチュードは世界最大級の9・0で、さらに四つのプレートが連動する広域の大地震。加えて、今まで経験したことのない激しい津波が東日本の太平洋岸を広く覆った。追い打ちをかけたのが原発事故。津波で福島第1原発の冷却機能が失われて炉心溶融や爆発が起き、放射能漏れという事態に至った。

この国難に遭遇し、菅内閣はいよいよ、その力が問われるが、どうも手に余る難題のようだ。第一、腹が据わっていない。野党の党首を内閣に抱き込んで責任を分担させようとの魂胆自体、既に自信のない証拠ではないか。記者会見の防災服姿も、現場指揮でこそ意味のある服装である。危機対応など非常時には、リーダーが現場に出て指揮することが何より大切だ。官邸の中での防災服は、いかにも演出っぽい。

ついでに言えば、当の東京電力の記者会見も、経営のトップがまず出てきて覚悟を語るべきだ。事務方に任せっきりで、しかもその事務方の質疑応答はしどろもどろだった。大企業の危機に弱い官僚的体質を垣間見る思いだ。

特に福島原発の事故は、人災の側面も否定できない。「止める」「冷やす」「閉じ込める」の三原則は「止める」までしか機能しなかった。自分の立場や所属する組織をおもんばかる余り、肝心の危機管理を誤ることはなかっただろうか。

いずれにせよ、30キロ圏内の住民の生命が懸かっている。環境に優しい電力として、安全をうたい文句にしてきた国と電力会社の責任は極めて重い。危機に際し最も必要とされるのは、トップの使命感と強力なリーダーシップだ。

大震災の混乱が一段落すれば、速やかな復興を考えねばならない。復興は単に震災前の姿に戻すことでは足りない。時代が大きく変わりつつあるさなかである。少子高齢化社会にふさわしい街を、未来学的な視点から構想するべきだ。

さらに言えば、これからの東アジアの時代を見据えて、東北地方全体を有機的な戦略地域につくり直すスケールで考えてほしい。対岸には大国中国の東北部と極東ロシアが至近距離にある。発展著しい隣国との、交易をはじめとする多面的交流の機会が眠っている。秋田、酒田、新潟の、それぞれの空と海の港を連携させ、物流のみならず人の往来の大動脈を形成する発想が欲しいものだ。

長い日本の歴史を振り返ってみると、国が行き詰まったときには何度も遷都を繰り返し、その都度、新しい時代を切り開いてきた。東京一極集中の危うさと日本を覆う閉塞《へいそく》感を打開するためにも、東北に政治の中心を移すことは十分理のあるところだ。

無数の尊い生命の犠牲に報いる精いっぱいの知恵と勇気と行動を発揮する責務が、われわれには課されている。

（2011年3月28日）

「想定外」という自己弁護

このたびの東日本大震災から50日がたつが、救援活動から復興、再生へと移行する道筋は難渋している。それほど今回の地震、津波、放射能の三重苦の被災は重く、大きいということだろう。

大震災の前から、われわれ日本人には閉塞《へいそく》感が漂っていた。維新、敗戦に次ぐ第三の開国の時期といわれていたが、いまひとつ実感できずにいた。大震災で、政治、経済、社会のあらゆる分野にわたって、日本の未来を懸ける大命題を与えられていることをあらためて実感させられた。

時代の変わり目に最も大事な役割を果たすのはリーダー。政治のリーダーたちであり、経済のリーダーたちだ。放射能の流出がいまだに続いている福島原発に限ってみても、危機時のリーダーのあり方について考えさせられることは多い。

確かに今回の大震災では、想像を超える大津波や安全・安心であるはずの原発の崩壊など、マグニチュード9・0の威力のすさまじさを嫌というほど思い知らされた。しかしながら、原発の安全・安心に責任のある当事者から「想定外」の津波に襲われたと何度も主張されるに至っては、自己弁護のニュアンスが感じられ、反発したくなる。

東北に大津波が襲来する可能性があることは、東京電力や原子力安全・保安院が以前から指摘を受けていた、との報道がある。たとえ警告や議論がなかったとしても、危機対応時の責任者は簡単に「想定外」という言葉を口にすべきではない。災害などでは想定外のことが必ず起こるものだ。危機対応で最も忌むべきは自己保身。それが判断を狂わせ、取り返しのつかない結果を招くことがままある。危機時に最も必要とされる心構えは、無私、無我夢中での取り組みであり、何にも増して強い当事者意識だ。

今回の震災対応を見て、政府と被災地となった自治体首長との当事者意識の差を見せつけられた思いがする。政府の説明や対策がいまひとつ隔靴掻痒《かっかそうよう》の感があるのに対し、被災地の自治体の首長の主張には、現場を預かる当事者としての必死さがある。

今回のように被災地が広域である場合には、県や市町村ごとに事情はまちまちである。現場からの発想と提案は最大限尊重されるべきだ。中央の関係省庁も被災地に出張って市町村職員と一緒に対策を考えることから始めるべきだ。家族を失い、繰り返される余震におびえる避難者と寝食を共にしてこそ、再生復興の現実的な青写真が描けるというものだ。

中央省庁のエリート官僚の諸氏が前線に出て現場から発想することを通し、失われた国家の公僕としての使命感をあらためて自覚することで、ノブレス・オブリージュ（高貴なる者の責務）を実感し得るのではないか。有能な官僚を駆使してこその政治主導だ。

南北に細長い島国の日本に、1億2千万人以上が生活している。決して小国ではない。それぞれの地域に歴史と文化と生活がある。今こそ地方主権を果たすべきときである。中央がそれぞれの地方の主体性を尊重したとき、地方分権・地方主権の実を挙げることが可能となる。

（2011年5月2日）

集中から分散へ

東日本大震災は長期戦覚悟の状況となり、世情もようやく落ち着きを取り戻しつつあるようだ。次なる復興のステージに日本の将来が懸かっている。どこまで日本の未来図をしっかり描き、それを実現し得るかで天地の開きが生じる。国家戦略として東北復興の未来図を描くにあたり、考慮されるべき「キーコンセプト」について触れてみたい。

まずは日本の置かれた時代環境についての認識が重要である。グローバリゼーションが進展する中で、先進国は工業化社会から知識情報化社会へと確実に移行しつつある。明治維新以来、日本はあらゆる経営資源（人、物、金）を中央に集中して画一化を図る「集積のメリット」を享受し、工業化社会で成功を収めてきた。しかし時代は既に、情報の多様性が価値を生む「知価社会」へと移行している。

政治の世界での二大政党論は時代遅れの観があり、西欧では多党化の時代を迎えて久しい。日本では大阪や名古屋などで、地域政党とも呼ぶべき地域独自の地域経営を図ろうとする動きが出始めている。

産業界も、ＪＡＬや東京電力などの蹉跌《さてつ》は、巨大組織なるがゆえの組織の硬直化やゆがみなど、内部の不具合が表面化した結果と見えなくもない。自動車産業や総合電機メーカーのごとく、多くの部品を組み立てる大企業は総じて内部統制に苦労している。むしろ、特徴を持った技術に支えられた部品メーカーが優位に立つケースが増えている。単なる下請け企業から脱して飛躍する道が開かれているということだ。「小さいことは、いいことだ」（スモール・イズ・ビューティフル）の時代を予感させる。

特に東電の場合は、地域独占企業として、資本主義の唯一の利点である「競争」を回避してきた弊害が、危機管理に際し端なくも露呈したように見える。

時代のキーワードを「集中から分散へ」と捉えるならば、震災後の東北復興は新しい時代の日本を先取りした地域復権でありたい。産業のコメとしての電力等のエネルギーは、環境に優しい太陽光や風力、秋田なら地熱など多様な開発を前提とすべきだ。発電も、個々の住居やオフィスが自然エネルギーを取り入れ、それらを相互に結び付けて融通し合う「スマート・グリッド」の導入に挑戦すべきである。当然、その際は「発送電分離」など地域独占を排する経済特区扱いとし、東北地方全域の産官学連携に総力を結集して取り組みたいものだ。

「集中から分散へ」と社会の仕組みをシフトすることは、東北の豊かな自然や文化の魅力を開花させる。例えば奥羽山脈の森林資源も、戦後は資材不足から植林で杉などの針葉樹林を増やしたが、ここにブナなど広葉樹の植林も進めることは高い保水力を備えた「緑のダム」につながる。腐葉土が増した森林は、多様な動植物のすみかを提供するだろう。

地方分権は多様多彩な地方の産業や文化を育む。限界集落による郷土喪失の危惧が払拭《ふっしょく》され、明るい日本が見えてくるのではあるまいか。

（2011年5月30日）

好老文化

顧みると日本は、バブル景気に沸いた1980年代後半にバブルが破れてデフレ経済へとシフト。それからの失われた20年に駄目を押したのが、今年3月11日の大震災であった。

日本における失われた20年の大きな要因は、少子高齢化の急速な進行と生産年齢人口の減少にあるとの指摘（藻谷浩介著「デフレの正体」）が、大方のコンセンサスを得るに至った。

確かに、日本における高齢化の進行は20世紀後半から始まり、平均寿命30年の延長（人生50年から80年へ）となって寿命革命を達成し、「世界最長寿国日本」を実現した。

若い人たちが多いピラミッド型人口構成が逆ピラミッド化するのだから、これまでの社会システムや生活環境の抜本的見直しは不可避であり、「安心で活力ある長寿社会」を国を挙げて構築し直さなければならない。

老化現象は健康上の不具合として身体のあらゆる器官に発現するから、無病息災は願うべくもなく、多病息災を常態とする。医療ニーズは増大し、政府は予防体制を強化するとしても、医療費増加への制度的対応を迫られる。自助負担の在り方とのバランスについて、大きな政府を許容するか否かの国民的コンセンサスを取り付けることが必要となろう。

そもそも、生産活動に参画する労働力を年齢との関係でどう捉えていくのか、企業活動においては死活問題である。女性と健康な高齢者を積極的に職場でつなぎ留めるもろもろの努力が必要となる。労働環境に思い切ったワークライフバランス（仕事と家庭の調和）の思想を導入することとなろう。移民の問題も避けて通れないテーマだ。

いずれにしても、本来長寿は喜ぶべきはずなのに、日本の未来に重苦しい負担感をもたらすのは、高齢化が社会の活力をそぐと受け止めるからではあるまいか。そうした背景から、日本においてもジェロントロジー（老年学）が重視されつつある。

ジェロントロジーの成果の一つに、知恵は経験に意欲を乗じた掛け算であるとする定義がある。「老」は尊称に使われている。老中、元老や老舗、果ては老練・老成と褒め言葉になる。要は、老いてもなお盛んな情熱が大切なのだ。

戦後GHQのマッカーサー元帥が、執務室で必ず額に入れて大事にしていたという一編の詩譜がある。サミエル・ウルマンの「青春」である。戦後財界で随分喧伝《けんでん》されたから、ご存知の方も多いと思う。作詩者は19世紀から20世紀にかけて生きたドイツ生まれのユダヤ人で、米国に移住し後半生は南部アラバマで84歳の生涯を終えた一介の市井人である。80歳で初めて編んだ詩集の一編であり、原典も訳もいろいろあるが、私の好きな出だしを訳して擱筆《かくひつ》。

青春（YOUTH）

青春とは人生の或《あ》る期間を言うのではなく、心の様相を言うのだ。優れた創造力、逞《たくま》しき意思、炎《も》ゆる情熱、怯懦《きょうだ》を却《しりぞ》ける勇猛心、安易を振り捨てる冒険心、こう言う様相を青春と言うのだ。年を重ねるだけで人は老いない。理想を失う時に初めて老いがくる。

（中略）

人は信念と共に若く、疑惑と共に老ゆる。人は自信と共に若く、恐怖と共に老ゆる。希望ある限り若く、失望と共に老い朽ちる。

（2011年7月4日）

東北の夏

東日本大震災の復旧もはかばかしく進展しない中、被災者の毎日を思うと気が晴れないが、8月を迎え、東北は一斉に恒例の夏祭りのシーズンに入った。私の職場でも、若者は男も女も竿燈の準備やら稽古やらで、その動作や表情は、見るからに生き生きと輝いていた。古来、東北人は、やがて来る長い冬ごもりの前の短い夏を思い切り燃焼するDNAが埋め込まれているのではあるまいか。西馬音内の盆踊りなど、あの夜の熱気は太古の昔から伝え継がれてきたのではないかと思うほどだ。

東北の各地で展開される夏祭りは、それぞれの地域が営々と伝え継いできたコミュニティーの歴史遺産であろう。農山漁村に生きる人々が、気候風土・自然との関わりの中で共に働き、助け合ってきた「共働」のシンボルが夏祭りだ。

しかしながら、人口減少と高齢化が加速し、限界集落が各地に点在・増殖して、1次産業がみるみる縮小していく現実を見せつけられると、「故郷喪失」の恐怖に襲われ、ゾッとする。

さる7月26日、「秋田を応援する首都圏文化会議」（世話人は西木正明、浅利香津代、橋本五郎の各氏）の主催でシンポジウム「大震災から新東北をどうする—秋田の役割・今何を—」が都内で開催された。橋本さんがコーディネーター、内館牧子さん、堀井啓一副知事、それに私もパネリストに加えていただき、大震災後の東北、なかんずく、秋田をどうしたらよいのか、活発でストレートな意見交換が行われた。

会場のプレスセンターは首都圏に住む秋田出身者の他、秋田から駆け付けてくれた仲間や関係者で膨れ上がり、真剣な議論の中、時に浅利さんの巧みな「秋田弁の通訳」が加わったりして、懐かしさに押し流されそうになりながらも、秋田の今後を思う発言のやりとりで盛り上がった。

やりとりの中に「毎回こうした集まりが開かれて『いつも、おらが秋田、みんなして』をスローガンにいい意見が出されるが、翌日になると何事もなかったように何の変化も起きない」との自嘲的な発言もあって、胸を突かれた。

橋本さんや内館さんが参加した政府の復興構想会議では、東北全域の再生を目指すべしとされているが、現在の国の財政事情からすれば、復興の熱も時間の経過と共に減衰し、結局被災地の復旧にとどまるのではないかと懸念される。秋田は今回の震災を、再生のために知恵を出し合い、力を合わせて行動する最初で最後の機会と考えるべきだ。

県や市町村の行政の力も、大学などの学識経験者の知恵も、商工会議所や商工会などの民間の結束も、NPOなど一般市民の声も、そして地元紙「魁」の影響力も、秋田再生の一点に集結して行動を起こすべき時である。

秋田が変われば東北が変わり、日本が変わる。「東北の、東北人による、日本の復興」

をスローガンに、各セクターが一斉に提言をするところから始めたい。私の所属するグループも積極提言の覚悟である。当行では「お客さまを知る。地域に応える」を合言葉に、地域再生こそが生き残る道として経営のかじを取っている。

（2011年8月8日）

独立自尊

3・11の悲劇から既に6カ月がたち、復興が思うように進展しないいら立ちを感じつつも、当時の衝撃が日々薄らいで日常化しつつあるように見受けられる。今回の惨劇を東北全体の再興につなげ、さらには日本の再生につなげていこうとの当初の熱い思いは、一体どこへ行ってしまったのであろうか。

明治維新を成し遂げて、近代日本の精神的よりどころを探索するようになった明治30

年代に、最晩年の福沢諭吉が6人の弟子と共に策定した「修身要領」は、「独立自尊」の精神で貫かれている。

敗戦後の日本は、欧米先進国への「追いつき追い越せ」の目標を達成した後は国家目標を見失い、「失われた20年」をただただ嘆いている。大地震、大津波、原発事故の三重苦の洗礼を受けて、あらためて日本の未来を切り開く精神が必要とされるに至ったのではあるまいか。私は再度、福沢諭吉の「独立自尊」の精神を拳拳服膺《けんけんふくよう》すべき時が来たと確信する。

本格的な高齢化と急速な財政悪化で、社会保障をめぐる論議が喧《かまびす》しい。年金、医療、介護に要する費用を推計し、消費税の大増税が不可避な情勢にある。

しかしながら、国民一人一人が「独立自尊」の精神で超高齢社会に挑戦し、各自の志を追い求めて長寿を全うするならば、年金、医療、介護のコストは、社会全体として大いに軽減し得る。死の直前まで何がしかの有為な仕事に携わる、張りと生きがいのある老後を目指したいものだ。さらに地方も中央に依存せず「独立自尊」を目指すならば、政治や中央政府への単なる失望から脱して、日本列島の各地に個性豊かな地方が活力を取り戻すことにならないか。

東日本大震災からの復興は、確かに国の支援が必要であろう。しかし被災地の将来を決めるのに、お伺いを立てねば前へ進めないというのはいかにも情けない。市町村は自分たちのビジョンとプランをもっと強力に発信し、国は地方へ、その実現のための権限と責任を付与するべきだ。今回の復興は国と地方の関係を見直す絶好の機会である。

「権力は絶対的に腐敗する」。政治の世界に限らず、経済社会においてもしかりである。変化のスピードが加速する21世紀にあって、新たに生成し光り輝く企業群もある一方で、名門の誉れ高い老舗企業の挫折や崩壊の例は枚挙にいとまがない。今や硬直化した大企業の時代ではなく、変化への対応力に富む中小企業の時代でなければなるまい。多産多死の世界とはいえ続々と多様多彩な起業人が出現してほしい。自らの力を信じ、自らの夢に殉ずる起業家の輩出が沈滞した日本を再生してくれる。

今回の東日本大震災が、大きいことの効率性が実はリスクの集積でもあったことを教えてくれた。東京一極集中の危うさやエネルギー源の地域独占の無責任さを露呈した。南北に長い日本列島が、それぞれの地域に多様多彩な地方文化や産業を開花せしめ、それぞれの地方に住む人々が中央やお上に依存せず、「独立自尊」の主体的な夢を追い求めることができる環境をどう整備するかが、今回われわれに突き付けられた最大の課題ではあるまいか。

（2011年9月19日）

「東洋の倫理」復活を

高齢化社会を見据えて、介護事業を展開して成功している「虹の街」の創業者から伺ったことだが、創業時、この福祉事業を株式会社でスタートする際に、当局の許可を得るのに苦労したそうだ。私も同じような体験がある。フィデア総研の前身の荘銀総研を立ち上げる時に、当局の認可がなかなか得られなかった。株式会社組織は、「利益を目的」としない事業にはふさわしくないとの判断があったからららしい。

企業は、営利のみを目的とするものではない。経営学者のドラッカーに言わせれば、企業の目的は「顧客の創造」であり、利益は、社会的認知を得、事業を継続発展させるための条件にすぎない。資本主義の利点は、フェア（公正）な競争のルールの下で、お互い切磋琢磨《せっさたくま》して、業績を競い合うところにある。努力の成果が社会全体を豊かにし、社会の発展に貢献することだ。競争に敗れた者は、競争場裡《じょうり》から退場し、新陳代謝を繰り返しながら、社会は進歩発展していく。

もっとも、最近はアメリカ型の市場原理万能主義が行き過ぎて、短期業績中心の運営に傾き、一部経営者の荒稼ぎともいうべき高額報酬が目に余る。資本市場における投資家が、短期の業績を求め、せっかちにリターン（投資配当）を要求し過ぎているからだろう。

業績中心の経営に傾き過ぎ、公正な競争ルールを踏み外すことのないよう、ルールを守らせようとするのが、コンプライアンスだ。法令順守の体制を企業内に構築するよう促している、欧米流の倫理の考え方だ。

しかしながら、新しいルールはまた、新しいルール破りを誘発する。ルールは次から次へと細分化され、ついには当初のフェアな競争を阻害する結果になることもしばしばだ。最近、渋沢栄一の「論語と算盤《そろばん》」が見直されているようだ。明治維新以来の近代日本の資本主義を根付かせた財界大御所の経営哲学を編んだものだ。「論語と算盤」の思想的背景には、江戸時代の石田梅岩を祖とする「神道・儒教・仏教」を融合した石門心学の流れをくむ日本的商道徳がある。「売り手よし、買い手よし、世間よし」の庶民的商道徳も同根だ。

最近躍進著しい中国においても、文化大革命の「批林批孔」で徹底的に否定された儒教を見直す動きが出てきているらしい。「黒い猫でも白い猫でも、ネズミを捕る猫はいい猫だ」で、市場経済に参入した社会主義国中国も、このところ倫理の乱れに悩まされているらしい。「欧州は一つ」とする高邁《こうまい》な思想のもとに進められてきた欧州統合も、共通通貨ユーロの信認がギリシャ危機を契機に問われて、世界の金融危機の引き金にならないか懸念されている。もとはといえば、ギリシャ国民の享楽的な風潮が自堕落な財政規律を生んで、自助努力で立ち直れないところまで落ちている。

地球が一つの単一市場となった現在のグローバルな経済社会にあって、西洋的なるものが東洋的なるものを盛り込まざるを得なくなってきている。局部処理的西洋医学の短期決戦型に対して、全身的体質改善の東洋医学が見直されつつある状況に符節しているようだ。

（2011年10月17日）

悲しい「足引っ張り」

遠く関西で今、大阪府と大阪市の二重行政の軋轢《あつれき》から、橋下徹・前府知事が市長選へ出馬し、大阪都構想実現の闘いを展開している。府と市の確執は昔からであるが、橋下氏の率いる「大阪維新の会」の目指すところは、中央から地方へ財源と権限を割譲せしめる地域主権の主張を底に秘めている。

愛知県と名古屋市は、首長同士が親密な関係であるから大阪とは異なるが、相連携して地方分権を主張している点で共通した動きであろう。道州制論議を表面から取り上げるのではなく、地方大都市中心に、東京一極集中是正に向けた地方分権の動きと捉えられよう。

こうした動きは、今回の東日本大震災でも露見した国や政府の対応の拙劣さや遅さなどから、日本の中央集権体制の金属疲労を実感させられ、「地方の問題は地方で」の地方分権の主張を勢いづかせた結果であろう。

振り返ってみれば、戦後は「ヒト・モノ・カネ」のあらゆる経営資源を一極に集中する「集積のメリット」が功を奏したが、経済が成熟化して「失われた20年」のゼロ成長の時代に入ってからは、中央の財源も地方に配分する余力に乏しく、地方の衰退が目立つようになってきた。今や地方が、それぞれの地域資源を生かして自立していく「地域国家」の道を選択せざるを得ないところまで、追い込まれているのではあるまいか。

そういえば、経済協力開発機構（OECD）諸国の1人当たり国内総生産（GDP）の上位は、人口800万人以下の国々が占めている。道州制は時代の必然のように思われてならない。

ところで、わが秋田には、こうした時代の流れの中で、どのような再生のシナリオがあるのであろうか。結論を急げば、秋田は豊かで多様な資源に恵まれているが、不足しているのは、県民の秋田再生へ向けた強い決意と実践である。

今回の大震災で日本経済に加えられた最大の打撃は、原子力発電への過度の依存が許されなくなったことであろう。再生可能エネルギーから補充する道を模索せざるを得ない。幸い、秋田は風況に恵まれ、風力発電に適している地域が多い。既に100基余の風車が稼働している。新エネルギー・産業技術総合開発機構（NEDO）の試算によれば、賦存する風力資源を全て発電させられるとすれば、現在稼働中の東北中の発電能力を上回るそうだ。3年前から「風の王国プロジェクト」として、県内に千基の風車を設置しようと頑張っているNPO法人がある。発電効率のいい大型風車を千基の規模で設置するとすれば、大手企業の誘致も難しくはない。地元資本を中心に、設置から運営まで県民の自力で実現可能であろう。風車はブレード（羽根）だけでなく、部品点数は万を数える。中小企業の得意分野だ。風車関連の一大産業集積が可能となろう。

秋田の資源、農業であれ観光であれ、産官学が力を合わせ、知恵を絞り汗を惜しまず努力するならば、再び豊かな秋田を創生できる。最も唾棄すべきは、「俺もやらないから、おまえもやるな」と、やる気ある人々の足を引っ張る、悲しい県民性を徹底して打ち壊すことだ。

（2011年11月21日）

変えよう「国のかたち」

あっという間に1年がたち、年齢《とし》のせいもあるが、「光陰矢の如《ごと》し」を実感させられる。今年は特に大きな事件、事故が国内外で多発した。

しかし日本にとって最大の出来事は、何といっても東日本大震災の発生である。首都圏を含む東日本全体を揺るがしたマグニチュード9・0の大地震と、想定外といわれた大津波は、千年に1度とされるものすごさだった。2万人に近い尊い人命を奪った痛ましい被害に加え、福島原発のメルトダウン（炉心溶融）などによる放射能被害は、半永久的ともいえるダメージを福島県に負わせるに至った。

地震発生から9カ月余りたつが、急ぐべき復旧は、がれき処理一つとっても遅々として進捗《しんちょく》していない。震災復興を東北全体の再生へつなげていくべきとの復興構想会議の方針だが、東北再生計画の片りんも見せてもらえていない。復興庁本庁の設置場所からして、震災の現地にではなく、省庁間の調整がしやすい東京へ置く方向らしい。

しかし今回の未曾有の大災害は、未来に確たる展望を持ち得ず、「うつむき加減」で落ち込んでいる日本に、問題の所在を明確に悟らせてくれたと思う。

それは戦後一貫して追求してきた「集中による効率化」の限界とリスクだ。東京一極集中に象徴される中央集権体制の制度疲労と言ってもいい。東京で全ての物事が決められてしまう中央官僚組織と政治の機能不全だ。

国家戦略のない政治。中央省庁の縦割り組織が細分化し、権益を主張して譲らないために生じる調整コストが限界を超えてきている非効率。地方自治体が従となって自らの復旧もままならぬ中央と地方の主従関係――などなど、復旧の過程で見えてくる中央集権の制度疲労だ。「官から民へ、中央から地方へ」のスローガンが、再び切実に響く。「この国のかたち」を思い切って切り替える好機だと思われてならない。

「ヒト・モノ・カネ」のあらゆる経営資源を、中央から地方へ分散する徹底した地方分権の道をとり、日本の活力を取り戻したいものだ。

ヒトについていえば、中央省庁の若手キャリア官僚を地方へ出向・転職させることなどだ。財政再建ではまず行政組織のスリム化が迫られる。地方行政で実力を発揮した者が中央行政府へ凱旋《がいせん》する、あるいは政界に打って出る。乏しい地方人材の現況からは、やりがいの大きい活躍の舞台となろう。

モノについては、東北を一体として有機的な地域再生を図る物理的・制度的インフラを構築することだ。東京をハブとした交通インフラ（高速道路や新幹線など）から、東北全体を相互に結び付けるネットワーク型インフラの整備に重点を移すべきだ。これから脚光を浴びる再生可能エネルギーにしても、地域特性を利した発電方式が模索されるだろう。秋田は風況に恵まれ、風力発電適地である。

カネに関しては、財政は国も地方も逼迫《ひっぱく》しているが、民間資金は有り余り、海外の資金もだぶつく。要は収支相償う事業を生み出す知恵と勇気が足りていない。産・学・官が真に力を合わせ、汗と知恵を絞って地域課題に取り組むなら、明るい展望が見えてくるはずだ。「せやみこき」と足引っ張りだけは敵と知りたい。

（2011年12月26日）

日本の行く末

新しい年を迎えて、あらためて人類の、そして日本の未来を展望してみたい。

ＩＣＴ（情報通信技術）の革新が急速に進行し「アラブの春」を呼ぶなど、地球はますます小さく、大宇宙の中の星くずの一つにすぎないと実感されるようになった。また、グローバリゼーションの進展で、新興国が急速に経済発展を遂げ、停滞する先進国との格差が縮小していく過程で、地球資源の有限性が強く自覚されるようになった。

何せ、第２次世界大戦後間もない１９５０年には地球上の人口は25億人にすぎなかったのに、昨年には70億人を超えて、地球はすさまじい人口爆発を起こしている。食糧や石油などエネルギー資源の絶対的不足を招来する心配に加え、地球温暖化など地球環境の悪化が深刻度を増す。しかるに対策のための国際協調ははかばかしくは進展していない。

近代社会の発展は民主主義、市場経済、科学技術によってもたらされたとされるが、このところそれぞれの欠陥が目立つ。民主主義はポピュリズム（大衆迎合）という政治家の精神の惰弱を招き、市場経済、なかんずく金融市場は投機マネーの彷徨《ほうこう》するマネーゲームの場と化し、科学技術は地球全体を原爆の恐怖に絶えずおびえさせる。

人類はその長い歴史に多くの教訓を得ながら、欲深く嫉妬深い性情を改められずにいる。健全で利他の心を持つ、精神の進歩発展は期待できないものであろうか。

日本について言えば、明治以降「坂の上の雲」を追い続けて、欧米列強の仲間入りを果たし、太平洋戦争という大きな犠牲を払いながらも、戦後「追い付き、追い越せ」の努力が実って、世界第二の経済大国にまで上り詰めた。しかしながら、近年は「失われた20年」のデフレの泥沼の中でもがき苦しんでいる。

この国を引率する政治家たちへの不満や失望も、ここまでくると、単に彼らの経験や資質の問題だけでなく、制度上の問題についても見直しをしなければなるまい。

日本を取り巻く世界の環境が、大きく構造変化を起こしているのであるから、政治制度も、時代に合わせて変えていかねばなるまい。「ローマ人の物語」でローマ帝国の興亡を著した塩野七生氏によれば、まず憲法をもっと改正しやすくすべきだと主張しておられる。日本と同じ敗戦国ドイツは、憲法を弾力的に改正し、時代の変化に対応してきている。自衛隊は軍隊ではないという詭弁《きべん》を弄《ろう》することはやめにしたいものだ。

国政選挙にしても、中選挙区制を小選挙区へ切り替えたが、その後の推移を見ると、数の論理が優先して選挙にたけた政治家が勝利する政争の具と成り下がった感がある。最高裁で1票の重さが問われているが、むしろ小選挙区制が多くの死票を生むことの方が問題であろう。

東日本大震災後の復興対応について、政府の対応の遅さが指摘され、地方へもっと権限を委譲すべきとの意見が強まっている。「中央から地方へ」「官から民へ」の動きを加速する好機とすべきである。活力ある日本を取り戻すためには、思い切った地方分権を進め、われわれ地元民が自ら知恵と汗を絞って故郷再生を図る決意が何よりも必要である。

（2012年1月30日）

人口減少と高齢化

日本経済は、今から20年ほど前にバブル景気がはじけて以降、低迷を続けている。日本の「失われた20年」のデフレは、実は「日本人の少子高齢化に伴う生産年齢人口の減少が原因だ」と喝破したのは、藻谷浩介氏のベストセラー「デフレの正体」であった。総務省の推計によれば、日本の人口は2008年をピークに緩やかな減少局面を迎えている。長期にわたる少子化の進行で、出生率が人口規模の維持に必要な水準を大幅に下回って推移している。

本県の場合はもっと深刻である。人口のピークが1956年の135万人。以降減り続け、5年ごとに行われる国勢調査の直近2010年では108万人となり、既に2割減少している。人口が一度減少を始めるとその度合いは加速され、人口減少を食い止めるのは容易ではない。現に1995年から2010年まで5年刻みで減少率を見ると、2000年までの最初の5年間は2・0%減、次の5年間は3・7%減、直近5年は5・

2%減と加速している。

10年国勢調査によると、本県は人口減少率で全国一であるだけでなく、高齢化率（総人口に占める65歳以上の割合）も29・6%で、それまで36年連続トップの島根県を上回り全国一になった。さらに高齢化率を市町村別に見ると、上小阿仁村の44・6%から秋田市の24・1%まで、人口減少と高齢化が急速に同時進行している。

高齢化の進行で懸念されるのは、家族構成の変化である。日本全体としては、核家族化が進行し、総人口は減っても世帯数は増加しているが、本県の場合は今回の調査で初めて世帯数も減少した。全国では本県と高知県だけであった。

しかも家族構成を類型別に見ると一人暮らしの「単独世帯」24・6%、「夫婦のみの世帯」20・1%。「夫婦と子供から成る世帯」は22・4%にすぎない。その他、「親一人と子供から成る世帯」が9・6%である。そして一貫して増加しているのが「単独世帯」「夫婦のみの世帯」「親一人と子供から成る世帯」。一貫して減少しているのが「夫婦と子供から成る世帯」と「その他の世帯」（三世代同居など）である。

さらに高齢者のいる世帯を見ると、単独世帯が18・6％増、夫婦世帯は7・5％増と家族構成の高齢化が急速に進行している。ついでにいえば、65歳以上人口に占める単独世帯人口は12・3％、夫婦世帯人口は27・9％である。このままでは65歳以上人口が50％を超える「限界集落」が方々に出現する。「楢山節考」に描かれた「老母を長男が背負って山に捨てに行く」必要もない惨状を呈することになりかねない。

少子高齢化と人口減少の最先進県として、その対策は待ったなしだ。雇用の場が増えれば人口も増え、子供を産み育てる意欲も湧く。

新しく産業創出を企て雇用吸収力を高める方策を県そして市町村も、各地の商工会議所や商工会も、大学や研究機関も、力を合わせあらゆる知恵を振り絞って多様なプロジェクトを企画し、実行に移さねばならぬ。規制が邪魔するのであれば特区を申請すればよい。全力を挙げて「秋田再生」の一点に焦点を合わせるべきと思うが、どうか。

（2012年3月5日）

農業の輸出産業化

一時の環太平洋連携協定（ＴＰＰ）騒動も小休止のようだ。米国を中心としたＴＰＰの協議自体が順調に進行していないとのことで、日本の参加に関する議論は後回しになっているらしい。日本国内のＴＰＰ参加論議も、思うほどの経済効果は期待できないようだと推進論者の熱がクールダウン。一方、自由化も例外品目が許容されそうであるし、万一コメが自由化された場合は農家への直接所得補償（デカップリング）の道も残されており、反対派にも余裕が生じてきている。

確かにＴＰＰに経済効果を持たせようとするならば、関税率の低い米国を相手とするよりは、関税率の高い中国や韓国との自由貿易協定（ＦＴＡ）に取り組む方がよっぽど効果が大きい。しかも関税率が高いだけでなく成長力も抜群だ。

ＴＰＰ騒動の中で中心的な課題は「コメ市場を開放していいのか」であろう。私はＴＰＰに参加しようがしまいが、日本のコメを新興国、なかんずく中国に輸出したらいいと考えている。安いコメが中国から入ってくる一方で、安全で安心、しかもおいしい日本のコメは価格が高くても間違いなく立派な輸出品となる。高いコメを買ってくれる中国の富裕層が総人口の5％としても、日本の人口の5割相当（6700万人）の需要が見込める。中国の国民は、コメに限らず自国の食品は安全で安心だとは思っていない。

ところで、農業県といわれる秋田の現状はどうか、考えてみたい。2010年度県内総生産に占める農業の割合は名目ベースで3・0％。20年前の1990年度の6・4％から大幅に縮小したが、全国の2010年の名目GDPに占める農業の構成比は1・0％であるから、本県のシェアは依然高い。本県の農家戸数（総農家数）は1990年から2010年までの間に4割近く減少し、6万戸を切るところまできている。農業就業人口（販売農家）も20年で4割近く減った。この間、65歳以上の高齢者の割合は加速度的に上昇し、高齢化率は28・6％から60・5％へと31・9ポイントも上がった。また、本県の経営耕地面積はこの20年の間にほぼ2割減少している。

「挑戦する気概」。今、日本の農業に一番必要とされているのは、この精神ではないだろうか。確かに課題は多い。日本の産業の中心となっていた製造業が、中国など新興国の急速な台頭で追い上げられ、海外展開に活路を求めることを余儀なくされている。ヒト・モノ・カネなどの経営資源が海外に流出する中で、唯一土地をベースとした農業だけは国内から逃げない産業である。土地という資源の生産性をいかに高めるかに、日本の未来が懸かっている。

農業法人を中心にした6次産業化の進行は農業に企業経営の思想と方式を持ち込み、農業の生産性向上に資することになろう。国も、農協の地域ゾーニングを見直して農家が農協を選べるようにするなど、あらゆる知恵を総動員して農業の活性化に当たらねばならない。

農業をもう一度昔のような秋田の基幹産業として、若者が故郷に戻ってくる魅力ある産業にするためになすべきことは多い。補助金を当てにせず自立して経済的成長を成し遂げる、誇りある職業にしたいものだ。

（2012年4月2日）

自然の摂理

ペットブームである。愛好家は、主として犬派と猫派に分かれるようだが、犬は散歩を要求するから飼い主の健康には良いという説がある。どちらにしても、当のペット自身も今や家族の一員と意識しているようだ。

ペットの健康管理も大変のようで、予防接種や治療費やらで健康保険が利かない分、医療費負担が大変だそうだ。飼い犬らが集う喫茶店の開店やペット保険の売り出し、果てはペットの墓地管理運営まで関連ビジネスは花盛り。新しい商売誕生をひがむわけではないが、犬や猫のためだけではなく、年々数が減ってきている子供の養育にもっと精を出せないものかと、つい考えてしまう。

日曜のゴールデンアワーに放送されているNHKの「ダーウィンが来た！」は、大自然の動物や植物の営みの荘厳さ、神秘を見せてくれる。あらゆる生物が何よりも子孫を残すために命懸けで努力している姿を見せられると、人間、特に物質的豊かさを享受している先進国に住むわれわれが、いかに罰当たりな生き方をしているかを反省させられる。カトリック教徒ならずとも堕胎は罰せられるべきとつい思ってしまう。子育てが本当に難しくなったら、地域社会が肩代わりしても養育に当たるべきは当然であろう。

米ハーバード大のサンデル教授風に、「子供の生命誕生と老人の長寿と、どちらを優先させるべきか」と問うてみたらどうだろう。日本の全人口に占める65歳以上人口が3割を超え、14歳以下人口が1割を切ると予測される中で賛否を問えば、「社会福祉は長寿のために」との答えが圧倒することは想像に難くない。現に、国の予算配分も保育所増設など待機児童ゼロ化や高校授業料無償化などには回り難く、年金・医療・介護向けが大勢を占める。

だが、消費税増税をめぐる「社会保障と税の一体改革」の政治論争を見るにつけ、欧州先進国並みに消費税率20%から25%程度を負担して、高福祉社会を目指す国民的合意を取り付けるのは絶望に近い。だとすれば、高齢者も国に依存することを極力控え、自立自尊の道を歩むことを覚悟すべきだ。自ら生きることが難しくなった人々を、最低限のセーフティーネットで救済する「小さな政府」を志向するしかあるまい。

個人的には「自然の摂理」に従い、自らの生を引き継ぐ子孫の繁栄を願って「貧乏人の子だくさん」を選択したい。一人っ子政策を続けている中国の「小皇帝」ポリシーは、親と両祖父母の6人がかりで「ひ弱な甘ったれ」を増産していることにいずれ気付かせられるだろう。

今の日本は市場経済化が進行し過ぎて、大都市では神経をすり減らし精神を病む勤労者が増嵩《ぞうすう》していると聞く。こうした人々は自然に接し、土と親しむ農耕の効用を再考されてよいのではあるまいか。神は現代のわれわれに対して、自然へ回帰することを求めているように思われてならない。今の季節、桜の花が散り終え、色鮮やかで多様な新緑の彩りを眺めるだけで、四季の移ろいがもたらしてくれる安らぎに癒やされるはずだ。

（2012年5月14日）

中国の熱気に触れて

今月、中国東北部・黒竜江省の省都ハルビンを、6年ぶりに訪ねた。中国沿岸部の目覚ましい経済発展は、よく報じられているが、開発が遅れていた東北部も、このところ目を見張る発展ぶりである。東北3省中最大の省都ハルビンは人口も1千万人を超え、開発ラッシュに沸いていた。

投宿した松花江沿いに立つシャングリラ・ホテルから、遠く対岸側に城壁のように立ち並ぶマンション群などの高層建築物が、松花江の広大な川向こうにかすんで見える。夜になれば一斉に灯がともって、たとえようのない美しい夜景を演出する。6年前には、ただ荒涼たる原野にすぎなかった対岸に、突然巨大な王宮が出現したような趣であった。

ハルビンはまた、「国境の町」でもある。ロシア風の建築物の蝟集《いしゅう》するロシア人たちが多く住む街区もあれば、漢族やモンゴル族、朝鮮族、それにオロチョン族などの少数民族が加わり、人種のるつぼである。それが街の活気の源泉となっている観がある。

ハルビン空港では、社会主義国であることを実感させられた。搭乗検査に長時間を要する。長い行列をつくって順番を待つ。「その列は団体専用」だといっては別の列に並ばせられ、ようやく順番が近くなると機械の故障で、別の列へ並べという。出発時刻が迫る中、たまりかねた中国の中年女性が男性職員に食ってかかり、殴り合いとなった。社会主義国では〝男女同権〟が徹底しているらしい。

ところで3泊4日の旅の目的は、私が学長を務める東北公益文科大（酒田市）と業務提携している東北林業大の開学60周年記念式典への出席と、両校の留学生の相互交流を促進する協定締結のためだった。東北林業大は中国共産党のバックアップもあって在学生は3万人を数え、卒業生は10万人と急成長中の活気ある総合大学である。記念行事は中国風で盛大を極めた。

交換留学については、東北林業大は全寮制で鍛えられた好奇心旺盛な若者たちが多く、日本への関心も高い。それに引き換え、学生数が千人足らずの東北公益文科大では海外留学の希望は少ない。理由は、先方の大学の寮には洗濯機やテレビがないなど、生活の質に難点があるからとのことである。

日本の若者の草食系化現象の表れといえばそれまでであるが、いかにも残念である。かつては、ハングリー精神という「貧乏の効用」があったが、今はない。しかし、夢や希望を全く持ち合わせなくなったわけではあるまい。

東北公益文科大の理事長である新田嘉一氏の気概を参考にしてほしいものだ。農家を継ぐことを潔しとせず、養豚業を始め、豚の餌を旧満州の大地に求めた。今から20年前、ハルビンから松花江、アムール川、さらに間宮海峡から日本海を経て酒田港に至る全長2800キロの「東方水上シルクロード」が開設されることとなった。それが縁で、山形県と黒竜江省とは姉妹県省の締結がなされた。

21世紀のこれからの日本を展望する時、日本人が、中国の広大な土地と、そこでうごめく人間たちの営むエネルギーの渦に巻き込まれるならば、日本の若者たちの眠っている野性が喚起されるのではあるまいか。

（2012年7月23日）

「新型うつ」考現学

直近、日本は「失われた20年」の間にゼロ成長を続け、国内総生産（GDP）が8分の1にすぎなかった中国に追い越されてしまった。その「絶望の国の幸福な若者たち」に異変が起きている。「若者うつ」「未熟型うつ」「現代型うつ」などと呼ばれている新型うつ病のことである。

真面目で責任感が強く、何事にも熱心に取り組み、周囲にも気を使う「いい人」「できる人」がなりやすい「従来型うつ病」と異なり、新型うつ病の特徴は「自分は悪くない」という甘い自己認識の人が多いことなのだそうだ。不本意な状況に置かれているのは、「上司のせいだ」「会社が悪い」「そもそも世間の無理解のせいだ」などと他責的であるとの指摘もある。

上司が下手に注意したりすると、パワーハラスメントだと逆恨みされて訴訟沙汰になったりする。職場にいるとうつ症状が出るが、職場を離れると症状は消失する。病気休職中に海外旅行に行ったりするから、周囲には「怠けている」「わがまま」「仮病ではないか」などと見られがちになってしまう。

従来型うつ病は40代から50代に多いが、新型うつ病は圧倒的に20代から30代の若者たちの病である。

こうなったのは、現代の若者たちを育ててきた教育環境に要因があると言わねばなるまい。

その第1が、少子高齢化と核家族化が進行する家庭での教育であろう。子どもの数が少なく子育てにより慎重となる一方で、親は自ら達することが難しかった夢や期待を押し付けていないか。子どもを通して自らの敗者復活戦に挑戦しているようにも見える。この節、子どもたちの能力や適性を見抜き育てる「愛して厳《げん》」の家庭教育には、なかなかお目にかかれない。

第2は、学校教育が免れまい。権利意識の高まりなどの影響を受け、過剰な要求を迫るモンスターペアレントが増えているなど、学校にも同情すべき点もある。しかしあしき平等主義やゆとり教育によって、子ども一人一人が持っている千差万別の才能を生かす教育を諦める一方で、戦前には重視された人間教育がすっかり欠落してしまっているように見える。

最後は、戦後政治が指弾されねばなるまい。戦後の民主主義が、「自由と責任」に裏打ちされた賢明な国民の政治制度でなければ長続きはしないという事実だ。やたらと物事の裏を暴こうとする一部マスコミの風潮も反省を求められるが、日本の社会全体に志高いリーダーが乏しくなっている点もまた、残念ながら事実であろう。

日本の先行きについて、もはや甘い成長のシナリオを描くことが難しい時代だ。少子高齢化と人口減少が加速する中で、年金・医療・介護を増税で賄うのは、どだい無理な算段である。政治家は甘い幻想を国民に振りまくポピュリストをやめ、国民に厳しい自立の覚悟と負担を求める不人気の政策に命を懸けてほしい。

オリンピックの喧騒《けんそう》もようやく終わった。アスリートたちが挫折を乗り越えて得た勝利の軌跡を、日本の若者たちはどう感じているのであろうか。自らに厳しい責務を課し、仲間と力を合わせて困難を克服していく若人が一人でも多く育つことを期待したい。

（2012年8月20日）

高等教育の課題

図らずもこの4月から東北公益文科大学の学長を引き受けることとなった。本学は、21世紀の初頭に山形県と庄内14市町村（当時）の強い要望を受け、公設民営（設備等は地元自治体が負担し、民間が経営する）の形で大学運営を慶応大学に委託し、21世紀の学問として公益学を掲げスタートした。

1学年の定員は200名で、酒田市に大学、鶴岡市に大学院を設け、順調にスタートして10周年も無事祝うことができた。1教員当たりの学生が少人数で就職率も高い評価を受けているが、今後の少子化の影響を考えれば時代の要請に合致し、思い切った大学改革に挑戦しなければ生き残れない。

日本の大学の数は、18歳人口（高校卒年齢者の数）がピークとなった1992年の国公私立合計523校から急増し、2011年には5割増の780校となった。だが、その間の18歳人口は半減して、大幅な大学過剰の時代となっている。

さらに時代環境が激変しているので、大学教育の在り方も見直されるべきは当然であろう。東大学長が「秋入学」の導入を提案したり、先月末には文部科学大臣が大学入試センター試験を含む入試制度の抜本的な見直しを中央教育審議会に諮問したりと、高校と大学の全く新しい接続の在り方が議論されることとなった。

本学でも「オープンキャンパス」（高校の進学担当教員や保護者を招き、大学構内の施設案内やカリキュラム、奨学金制度、就職状況などを説明する催し）を頻繁に行って大学ＰＲに努める一方で、教授会では大学の在り方の見直しについて毎回議論を重ねている。

そうした大学をめぐる入り口（学生募集）と出口（就職活動）をめぐる活動の中で

見えてくるのは、学校当事者や保護者の高等教育に対する著しい理解不足だ。ゆとり教育の弊害として学力低下を憂えるあまり偏差値教育に偏り、学びの本質から逸脱している。就職観に至っては、公務員や大企業志望中心の安定志向に凝り固まっている。

今、採用側が求める人材の能力は、各種調査やデータによればコミュニケーション能力を第一とし、即戦力となる語学力、変革のための創造力や企画力、そしてリーダーシップといったところだ。偏差値最重視とは全く異なっている。

採用する側がコミュニケーション力を特に重視するのは、今の若者が同世代の仲間内のコミュニケーションにはたけていても、世代を異にする層とのコミュニケーションが苦手であることの裏返しといえる。少子高齢化が加速する中で、子どもはますます手厚く保護され甘やかされて、「内弁慶」として成育していく。社会的抵抗力を持てず、若者に「現代うつ」(責任を他に転嫁することが多い新型うつ病)が多発している現象が象徴的だ。入学式はもちろん、卒業式も本人たちの数よりも保護者たちの方が多いのは珍しくない。入社式も保護者席を用意するようになってきた。

グローバリゼーションの進行に合わせ、あらゆる産業が海外展開を志向する中で、日本語の通じない人々とのコミュニケーションは必須となっている。せめて在学中に海外留学を体験して、抵抗力を付けておきたい。

（2012年9月24日）

挑戦する気概

このところ、世界全体が急激な変貌を遂げつつあるせいか、21世紀半ばがどうなっているのかについて関心が高まっている。経団連のレポート「2050年の日本」に続いて、ロンドン・エコノミストが「2050年の世界」を出版して反響を呼んでいる。

同誌によれば日本は人口の4分の1を減じ、経済規模は世界の中で現在の第3位からさらに落ち込んで、5～8位のグループに転落するという。残念ながら、10年に国内総生産（GDP）で中国に追い越されてからの日本を覆う閉塞感からすれば、特段違和感がない。

産業界は大手家電が軒並み急速な業績悪化に見舞われ、一段と海外進出志向を強めている。地球全体が市場とばかりに、世界中が国家間の経済戦争を展開している感がある。

そうした中で、直近の国境をめぐる反日運動の高まりからすれば、21世紀最大の市場である中国へのこれ以上の経済進出は当面難しく、「遠交近攻」戦略として親日的な東南アジア重視策を取らざるを得ない。本県の日本海対岸東北3省（旧満州）との関係深化にはブレーキとなり残念である。

そんな折、本県の橋口昌道副知事を団長とするタイ商談会ミッションが、今月7日から13日までの日程で現地を訪問した。本県中小企業進出余地開拓と貿易促進、経済視察などを目的に約60人が参集。北都銀行はタイ第4位の商業銀行であるカシコン銀行と業務提携し行員も派遣していることから、私以下若干名が参加した。

東南アジア諸国連合（ASEAN）10カ国は貿易相手としては中国に次ぐ大きさであ

り、成長著しい。特にミャンマーが民主化政策を取ってから、インドシナ半島の重要性は一段と高まっている。

インドシナ半島の中央部に位置するのがタイ王国であり、一番の経済発展国である。今後ともタイがインドシナ半島6カ国の経済成長をけん引していくのは間違いあるまい。

タイは言わずと知れた親日国であるから、経済交流も盛んである。バンコク市内の既に限界に達した感のある交通渋滞の中を走る車は、トヨタを筆頭にほとんどが日本車である。日系企業の誘致にも積極的で、専用の広大な工業団地が首都郊外に散在している。労務費は上昇中とはいえ、中国より優位な状況にあり、生産拠点としてなお魅力を持っている。

興味を引いたのは、視察した工業団地で東京都大田区が地元中小企業のタイ進出を支援すべく、貸工業団地を提供していることであった。資本力に乏しく、海外事情に疎い、しかし独自の技術を持った中小企業のための有効な産業支援策に映った。この貸工場団地に進出し、その後独立して自社工場を持つに至った企業も見学できた。

中小企業が蝟集《いしゅう》する大田区ならずとも、秋田県内全域で業種を問わず、海外進出の意欲をもつ企業を募集して貸団地を提供することも一案である。

今や激動の時代。これまでの「改善」が成長を支える時代から、多様な発想を試みて新しい付加価値を生む「イノベーション」の時代となった。必要とされるのは、新しい発想に「挑戦する気概」ではあるまいか。

（2012年10月22日）

セイタカアワダチソウ

郷里の高校を卒業し、一緒に上京して以来の付き合いである親友の医者に、最近再び世話になったのを機に県内の紅葉狩りに誘った。2組の夫婦で初日は抱返り渓谷と角館の武家屋敷を見て、夏瀬温泉の「都わすれ」に宿を取った。翌日は田沢湖畔と乳頭温泉を回った後、劇団わらび座で食事をした。再び角館へ立ち寄り、樺《かば》細工や漬物など土産品を物色して新幹線で帰るのを見送った。10月末、里山の紅葉には最高の季節であった。広葉樹の燃えるような紅葉と深い緑の松や杉との対照、ススキが群生して穂を揺らすさまとの組み合わせは、文字通り日本の秋を堪能させてくれる。田沢湖高原で風に揺れる一面のススキを眺めて、ふと不安がよぎった。猛烈な勢いで北上している外来種の真っ黄色な花穂のセイタカアワダチソウが、ススキに取って代わることにならないかとの危惧である。

セイタカアワダチソウは北米原産で、特に戦後目立つようになった雑草である。繁殖力が旺盛で、耕作放棄地や空地にアッという間に群生してしまう。九州などではススキと入れ替わった感があるほどだ。一時はぜんそくの原因と疑われたこともあったが、医学的根拠はないとのことだ。しかし、日本古来の秋を演出してきたススキが、外来種の毒々しい黄色で、固い背筋のノッポ草に敗退していくのは見るに忍びない。

山形に尾花沢という地名がある。尾花とはススキのことだ。芭蕉が「奥の細道」で予定外に長逗留《とうりゅう》した所であった。夜空に月を眺め、近景にススキの穂が揺れているさまは、想像するだけでも感傷的な気分になる。

セイタカアワダチソウは種子が建設機械に付着し、高速道路に沿って版図を広げているらしい。高速道路を走る車窓から見る景色も大切な観光資源である。既に南隣の山形県も侵略種に侵され始めている。大切な観光資源を守る立場から駆逐の努力を払いたいものである。

観光産業は人口減少が加速し製造業の海外移転が進む地方にあって、交流人口の増加による地域経済活性化と、雇用機会の維持・創出が図られる大切な戦略である。政府も「観光立国の実現」を21世紀のわが国経済社会の発展のために不可欠な国家的課題と位置付け、観光を「成長産業」として重点的に強化すべき業種の一つとしてきた。

観光産業の波及効果は大きく幅広い。みずほ総研の研究リポートによれば、観光産業の就業者数誘発効果（雇用増）や付加価値誘発効果は民間投資や輸出を上回るという。

魅力ある観光地域づくりは、行政や観光業者だけで仕上げられるものではない。「地域の光を観《み》る」のが観光の由来だとすれば、地域の人々全体でもてなす心構えが必要とされる。地域を磨いていく不断の努力も必要となろう。

欲を言えば、当地へ来てくれる人々についての情報も欲しいところ。それにはわれわれも積極的に出向いてみるのが一番だ。何を欲しているのか確認できるほか、われわれが何を持っているかを再確認する効果がある。プロダクトアウト（業界優先）からマーケットイン（顧客ニーズ優先）へ、である。観光における地域間競争はますます激しくなる。県民挙げてこの競争に参画しなければならない。

（2012年11月26日）

■第三部　職業人の心構え

「第三部　職業人の心構え」はＰＨＰ研究所発行の『トップが綴る』シリーズに寄稿した文章を収載しました。

「2005年・社員に伝えたいこと」
〜小体地銀を支える後輩たちへ未来を託す〜

1. 時代の変化に敏感であれ。

(1) 地方の自立が求められている。地方が寂《さび》れれば、地銀も廃《すた》れる。命懸けで地域再生に取組むべし。

(2) グローバルに考え、ローカルに行動せよ。アメリカ一極支配の世紀とはいえ、中国に注視すべし。臆《おく》せず、侮《あなど》らず。

(3) 少子高齢化はビジネスチャンス。山形は高齢化先進県。年金・医療・介護の課題は収益機会。少子化も同様のビジネスチャンス。

2. 変化への対応は自らを変革させ続けること。(不断の自己革新)

(1) 3つのS。センス(Sense)、時代感覚を磨く。スキル(Skill)、金融技術とマーケティング。スピード（Speed）、お客さまへの対応、そのためには意思決定の早さが絶対不可欠。

(2) アライアンス（Alliance）。「連携」でスピードと効率が買える。他金融機関は競争相手ばかりではない。ときに連携の最も良きパートナー。

3. 人材が唯一の経営資源。その他の経営資源は借りられる。

(1) 人を育てる風土つくりを。「若い人たちが自由かっ達である職場。創意工夫を大切にし、仕事の質を高めていく風土。お客さまの夢や希望に共感し、それがかなえられるよう努力する気風。」

(2) 知・情・意の三拍子を「愛して厳《げん》」の精神で鍛えよ。「情報を知識に換え、知識を利益に換える」（知）。「人を動かす」能力が経営（情）。企業も人も意思の力が最大のパワー。経営の意思が最高の力（意）。

4. 夢と希望で満たせ。

(1) 使命と目標の共有化を。一人ひとりを夢と希望で満たせ。そして、企業の使命と目標を明示せよ。全員が自ら考え自ら行動して「一隅を照らす」を果たしてくれる。

(2) 日々挑戦。挑戦する目標は高ければ高い程よい。感動と感激、そして感謝という報酬が大きくなる。

(2005年)

「経営のロマン」

私には、経営者の端くれにしてもらってから云い続けている信条がある。「若い人達が、自由かっ達である職場。創意や工夫を大切にし、仕事の質を高めていく風土。お客様の夢や希望に共感し、それがかなえられるよう努力する気風。そんなロマンのある銀行にしたい。」と云い続けている。

以下若干の補足を加えたい。

「若い」とは、生理年令のことではない。精神の若さだ。無気力な若者よりも、私と同世代の年老いた人にロマンと若さを感ずることが多い。

「自由かっ達」とは、小さい事にこだわらないことだ。職場の人間関係に嫌気を起こし、転職する若者が多いが、ギクシャクした人間関係を正常化するには仕事を通して解決するのが一番だ。上司も周囲も君の仕事への取組姿勢で君を見直すはずだ。

サービス産業化の時代、あらゆる職務に「創意や工夫」が求められる。小さな課題を見出してそれを解決すれば、次により大きな目標に挑戦するようになる。

幸せな家庭を築こうとしている人々や事業の発展に命を懸けている人々、お客様は夫々に夢や希望を持っている。それをなんとか叶えられるよう努力する。仕事のやり甲斐は、職業人としての自らの成長の喜びだけでは十分でない。自分以外の人々のためにどれだけ役立ったかで、仕事のやり甲斐は違ってくる。本来、人間の器量はどれだけ多くの人々のために尽したかで量られるべきものだ。

（２００６年）

「感動と感激、そして感謝」

私の場合、物心がついてからこのかた、生きる目的は何かを問い続けてきたように思う。いかに生きるかも、その延長線上にある。若い頃は、真・善・美を追い求めて生きることと得心し、その一端に触れて、生きていてよかったと実感することも度々あった。

そのうちに、仕事に追いまくられ、悪戦苦斗して、しばらくは「人は何のために生きるのか」を問うことも忘れていた。仕事に疲れ病を得たり、仕事上の意見の対立から辞表を出したりと、無我夢中であった。しかしその間、自分なりに職業観や経営観が醸成されていったように思う。同時に殖えた家族の重さも実感させられた時期であった。

企業経営に直接携わるようになってから、再び「人間にとって生きるとは何か」を真剣に考えるようになった。家庭人にとって、社会人にとって、職業人にとっても、共通する何かを探り当てることである。

人生も終着駅が近くなって、漸く見えてきたのは、「感動と感激、そして感謝」であった。人生を旅にたとえれば、その過程に喜怒哀楽を見出すということか。実際、長い人生で、感動と感激の材料は事欠かない。

旅に自然・風物は付き物ながら、人との出会いは欠かせない。人との交わりで、相手への思いやりの心ほど貴いものはない。

半生を振り返って、今までどれ程多くの人々に支えられ援けられて生きてきたことか。「世のため人のため、自らの生命を捧げること以上に貴いものはない」と、今は報恩への希求で一杯である。


（２００７年）

「愛而厳」と「照一隅」

銀行は、今や金融情報を提供するサービス業である。提供するのは、均質な製品や商品ではなく、お客さまの事情や目的に合った情報を探り当て提供するサービス業である。したがって、金融に関する深く巾広い知識や経験の他に、人間や組織についての洞察力も必要となる。人材が銀行の優劣を決めるから、銀行経営にあっては、人材育成が最も重要な課題となる。

私は、人材育成の要諦は、「愛して厳《げん》」であると信じている。優しく接しているだけでは、人は育たない。時に厳しく指導する。都度、間髪を入れず指導する。叱ることと怒ることを区別しなくてよい。大切なことは、丁度子供を育てる親のように、部下に愛情を持っているかということだ。指導の善悪や巧拙は部下が事後的に判断してくれる。指導が効果を持つのは、部下が心から納得した時だけだ。

経営には数字に表わせない大切なものが、沢山ある。人材育成と並んで、志気（モラール）がそれだ。志気の高い集団は勝利する。少数者の志気だけでは勝てない。できるだけ多くの人が、仕事にやり甲斐を感じて使命を果たしてくれることが望ましい。自らの成長を確かめながら、皆の共同の目標を達成する。それが「働き甲斐の構造」だ。組織の中の一人ひとりが、「一隅を照らす」心構えができ上がっていくのが、経営の醍醐味だ。経営者の責務とは、企業の使命を明示して、その理念に基づき従業員が各人の役割課題をしっかり自覚して、日々勤《いそ》しんでもらうことにある。

私は、十数年来、この二つのことに、こだわり続けている。

（２００８年）

「地方の出番」

世界は今、大きな時代の変わり目にあるという認識が共有されて久しい。情報通信技術の革新やグローバリズムの進展、先進諸国における少子高齢化とＢＲＩＣｓなど新興国の急速な経済発展などが主な要因であろう。そしてこうした要因が具体的な新しい困難を提示している。先進国十億人の物質的豊かさの輪に、ＢＲＩＣｓ二十八億人をはじめとした新興国が加わってきて、絶対的資源不足を招来している。原油をはじめとした鉱物資源の不足、さらには食糧危機が現実のものとなりつつある。そして地球そのものが水没しかねない地球環境崩壊が差し迫っている。翻って、日本もこの大きな変化の中で、日本独自の課題も加わり、大きな岐路に立たされている。アジアの小国日本が欧米列強の支配を免れた明治以降の躍進の足取りや、戦後の廃虚から世界第二の経済大国へ飛躍した成功物語は、人・物・金などあらゆる資源を中央に集中せしめた結果ではなかったか。しかし追いつき追い越せの目標を達成した今は、方向を見失い、急速に進行する高齢化や人口減少にすっかり鬱状態に陥っている。

財政再建から発した三位一体改革が、結果として地方の自立を促したことに、日本再生の僅かな希望が見える。今こそ人・物・金を地方に再配分し、夫々の地域が多様な価値創造の拠点となり、活力ある地方を創成したいものだ。十五年前に地域価値開発研究会を地元の有志と立ち上げた若者が、「地域の発展と共にある」小体地方銀行の頭取を継いでくれることとなった。

（2009年）

■第四部　私の人生観

「第四部　私の人生観」はＰＨＰ研究所発行の『トップが綴る』シリーズに寄稿した文章を収載しました。

「鉄道員のロマン」

浅田次郎の『鉄道員《ぽっぽや》』が映画化された。監督の降旗康男が母校松本深志高校に出向き、高校生に感想をきいた。そこに主演の高倉健も駆けつけ、懇談に加わった。仕事一途の男の生き方について、高倉健がとつとつと語る。

「そんなに仕事って、いつも楽しいことなんてありゃしないよ。志高くやってて、みんなうまくいくなんて、それもないと思う。絶対ないな。ほんのたまに、ちょっとあるだけですよ。ああ生きてるのも悪くないなあってのがね。それも一生懸命やってないと、きっとないと思いますよ」

今の日本に一番欠けているのは、志の高さではないだろうか。映画をみて、泣けて泣けて涙が止まらなかったのは、鉄道に命を賭けた男のロマンに感動したからではないだろうか。

（2000年）

「上達の方法教えます」

仕事以外で、私を熱中させたものに囲碁がある。戦国の時代の名だたる武将は悉く囲碁に興味を持った。信長然り、秀吉、家康然りである。囲碁から学ぶものは戦の駆引きであり、政治であり、生きる全てである。縦横19×19の交錯するマス目は「盤面これ宇宙」である。

若い頃は何とかこの囲碁を上達したいものと思い、囲碁に熱中した。師事した先生から上達の方法を教えられた。第一は、よき師につくこと、第二は良き競争相手に恵まれること。そして、第三は古の棋書を繙くことである。

第一の良き師は、我流を戒めるために必要である。序盤、中盤、終盤、全局を通じて考え方の間違いを正してくれる。盤外のマナーや教養についてまで、教えられることが多い。

第二の競争相手は、自分の実力よりちょっと上の腕前の相手がよい。負けたら泣いて悔しがる位、真剣に打つ相手なら上達も早い。「碁敵は憎しも憎し　なつかしき」である。

第三の棋書。棋譜をみながら、碁盤に石を並べることを習慣とすると良い。慣れると、一局30分くらいで並べ終えられる。特に昔は殿様の名誉をかけて闘った生命賭けの碁が多い。興趣無尽蔵である。

時代が大きく変わろうとしているこのとき、国も企業も個人も変化への対応に苦吟している。地方銀行もその例外ではない。山形県は、4つの地方銀行がひしめくオーバーバンキング（銀行過剰）であり、競争相手に事欠かない。棋書に相当するものは、古今東西の経営書である。私の場合、ドラッカーは「現代の経営」以来の愛読書である。

よき師にめぐり会える幸運は少ない。私の場合、苦労して立派な事蹟を残された経営者に心惹かれることが多い。先日も、合併の大事業を成し遂げられた某地銀の会長からご懇篤な訓戒を頂いた。「銀行も一般企業も、経営に差はない」と、経営トップの溢れんばかりの使命感と責任感を改めて実感させられ、粛然とした。

（2001年）

「時代の風と志」

1. 時代の風

２００１年4月の自民党総裁選における全国党員の総裁候補選びと、その後の小泉政権の誕生のドラマは、時代の風の抗《あらが》うべかざる力を実感させられた。選択すべき日本の未来についての展望や確信が十分示されているとも思えないが、国民はともかく変化することを求めている。

日本は今、政治も経済も社会も混沌の中にある。新しい「この国のかたち」を探し求める試行錯誤が、今しばらく続くのではあるまいか。

2. 日本人の志

たしかに、一人の強いリーダーがこの国を率いてくれる英雄待望論が強まるのは時勢であろう。しかし、ヒトラーが近世最高の憲法といわれたワイマール憲法の下で、合法的・民主的に総統（ヒューラー）の地位を手にしたのは、ドイツ国民が時代の風に押し流されたとしか考えられない。

結局のところ、この国を救うものは、国民の志の高さではあるまいか。国民一人ひとりが、自らの、そして子孫たちの未来を、自らの力で切り拓いていこうとする気概こそが求められている。戦後失ってしまった日本人としての誇りを、明治維新前後の先祖たちに遡って、学び直す努力をしてみてはどうであろう。

私についていえば、枕頭に内村鑑三の「代表的日本人」と渋沢栄一の「論語と算盤」を備え、拳拳服膺している。

（2002年）

「我が心の支え」

人生のいろいろな出会いや体験が、現在の自分を形づくっている。60才を過ぎてみて、漸く父の云っていた「60にならねばわからぬ人生もある」の意味がわかりかけてきた。山登りに例えれば、既に頂をすぎて下り坂に入っている。「老いと斗いながら、人生を全うする」、下り坂人生の重い課題だ。体力の萎《オトロ》えを否応なく自覚させられ、夫婦二人だけの生活も、男と女の共同生活というよりは老いと斗う戦友同士の関係に変質しつつある。重い責任を負わせてもらっている今の仕事も、いかに後継者にバトンを渡すべきか、晩節の区切りを自らつける局面にある。

いつの頃からか、米国の詩人サミュエル・ウルマンの「青春の譜」が、「我が心の支え」になった。若い頃南北戦争に従軍したり、中西部の田舎町で金物屋を業として、教育委員や教会の役員をしたりして84才の長寿を全うした平凡な市井の人の詩である。唯一篇のこの詩で後世有名になった。80才の時に出版された詩集「八十年の才月の頂から」

に収められている。既に妻を失い、老いや孤独と斗いながら、自らの詩に託して、「人生最後の炎」を燃やし続けて過したのであろうか。

青春（サミュエル・ウルマン）

青春とは人生のある期間ではなく、心の持ちかたを言う。薔薇の面差し、紅の唇、しなやかな肢体ではなく、たくましい意志、ゆたかな想像力、炎える情熱をさす。青春とは人生の深い泉の清新さをいう。

青春とは怯懦《キョウダ》を退ける勇気、安易を振り捨てる冒険心を意味する。ときには二十才の青年よりも六十才の人に青春がある。年を重ねるだけで人は老いない。理想を失うとき初めて老いる。

才月は皮膚にしわを増すが、情熱を失えば心はしぼむ。苦悩・恐怖・失望により気力は地に這《は》い、精神は芥《アクタ》になる。

六十才であろうと十六才であろうと人の胸には、驚異に魅かれる心、おさな児のような未知への探求心、人生への興味の歓喜がある。君にも吾にも見えざる駅逓《エキテイ》が心にある。人から神から美・希望・喜悦・勇気・力の霊感を受ける限り君は若い。霊感が絶え、精神が皮肉の雪におおわれ、悲歎の氷にとざされるとき、二十才であろうと人は老いる。頭を高く上げ希望の波をとらえる限り、八十才であろうと人は青春にして已む。

（作山崇久訳。「青春という名の詩」から抜粋）

（2004年）

「父と猫」

私の場合、幸か不幸か、劇的に「私を変えた出来事」はない。職場の先輩達にいびられて退職願を提出した時も、膨大な不良債権の山に押しつぶされ、病を得て胃全摘の手術を受けた後も、いずれも私の転機にはなっていない。

顧みれば、私の「現在」を規定しているものは、物心がついてから学窓を巣立つまでの少年期の環境が全てであった。東北秋田の自然と風土、そして周囲の人々とのかかわりが、私という人間の骨格をつくったように思う。就中《なかんずく》、敗戦後の貧困の時代に一家を支えてくれた父母の影響が強い。逞《たくま》しい母、内省的な父。

父の猫好きには度を越したものがあり、一時《いっとき》十数匹の猫が官舎の物置を占拠していた。夜半、外《そと》が異様に騒々しかった翌朝、野犬の群《むれ》と斗ったらしい雄猫《おすねこ》「太郎」が、腸《はらわた》を食《く》い断《ち》ぎられて雪の中に鮮血を散らしていた。物置の中はひっそりとしていたが、他の猫は無事であった。

父は酒が入るとじょう舌になる。田舎教師の父は同僚の先生や卒業生らを相手に随分と人生や「哲学」を語っていた。『この世で何が一番尊いといって、自分の生命《いのち》を犠牲《いけにえ》にすることに優《まさ》るものはない』。父の言葉が、父が溺愛《できあい》した「太郎」の横死とダブって、今だに私の脳裏から消えることはない。

（2003年）

■第五部　父へ捧げる鎮魂歌《レクイエム》

「第五部　父へ捧げる鎮魂歌」は2003年発行の『精選　秋高謳歌』（秋田人文科学研究会・編）に寄稿した文章を収載しました。

一、父の一生

昨年正月、父が逝った。秋田高校の教師を長く勤め、国連でご活躍の明石さんも教え子とか。父の自慢の一つであった。教職の最後は生まれ故郷の大曲で、高校の校長を勤めさせてもらった。まずは満足な職業人生だったたと思う。

父は独学で旧制高校の教員資格を取得した。その年の試験の合格者は、哲学概論では全国でたった一人だったという。自慢とするものの少ない父には、最大の誇りであった。

家庭にあっての父は、一度座ったら動かない無精者。そんな父も酒席と生徒が訪ねてきてくれた時は、明るく楽しげで、多弁であった。父と教師仲間や生徒らとの語らいが、小さい頃の私には、傍で聞いていて面白かった。「失恋こそ最高の恋愛」といったパラドックスや、「人間にとって自分の生命を捧げる自己犠牲ほど貴いものはない」と志高いものの責務（ノーブレス・オブリージ）を諭した人生訓。カントやヘーゲルになるとよく分からなかった。

二、父の晩年

晩年は、北国秋田で老夫婦二人だけの生活を二十年以上続けた。教職生活も無事済ませ、その間四人の子供を中央の大学に送った。それぞれが東京に働き口を見つけて結婚したから、まずは、平凡ながら親の務めを果たしたことになる。年老いた妻をいたわりつつ、遠くに住む息子たちや孫たちとの心の通い合いを楽しんでいる、そんな毎日であったと思う。

私は長男でもあり、できるだけ帰省するよう心掛けていた。最晩年になって、父が「愛するということ」というエーリッヒ・フロムの著書をとり出してきて、「愛は能力である」というフロムの愛の定義について語り出したのには驚いた。

一日一回の散歩と朝晩二回のピアノ弾き以外に日課とてない単調な老後の生活の中で、何を今さら愛が問題になるのかと、私はいぶかしんだ。

まるで教壇で生徒達を教え諭すような父親の話しぶりを聴いていて、私は父が加齢《とし》と共に衰える肉体と精神の萎《な》えを自覚しながら、いよいよ肉親との愛にすがっていく自らの心の弱まりを叱咤しているのではないか、「愛は能力である」と自らに言い聞かせ、「与えられる愛ではなく、与えるところの愛を」と念じつつ毎日を送っているのではないか、そんな年老いた父の必死の想いを垣間見た気がしたものである。

三、父の葬式

「葬儀」という雑誌への寄稿の依頼を受けている最中に、父が死んだ。満八十七歳、享年八十九。四人兄弟で、米寿の祝いをやったばかりであった。平均寿命からすれば、お釣りがくるほどの長生きであるから、目出度いといわれても文句は言えない。が、多少の悔いが残る。父は直前まで元気であったから、当分大丈夫だと高を括っていた。百歳まで生きて欲しいと願い、それまで住んでいた古くて寒い家を建て直し、新居に引っ越した直後であった。床暖房の快適さを用意したつもりだが、老人にとっては生活環境の変化への対応のほうが難しかったようだ。死因は風邪をこじらせた肺炎であった。

父は哲学を専攻していたせいか、近代理性の信奉者であった。既存宗教への敬意も全く持ち合わせていない無神論者である。従って、私ども息子たちは父の死に仏式の葬儀など、そも発想になかった。父が生前お世話になった人びとに集まってもらい、私が父に代わってお礼を述べ、父の思い出話でもして頂きながら会食をする。父は晩年、ピアノを弾くことを唯一の楽しみにしていたから、よく弾いていたピアノ曲でも時折流したい。そんな程度の葬式を漠然と考えていた。

いざ葬儀社との打ち合わせとなると、親戚と勤め先の思惑で、故人の意向などほとんど無視して段取りが進められていく。結局、当地一流のホテルで、信心深い仏教徒の葬儀とあまり変わらぬものとなった。それでも参会者の何人かから、久方ぶりにさわやかないい葬式であったなどと褒めてもらった。父の残り少ない友人代表と、父が一番長く奉職していた秋田高校の現役校長、それに教え子代表の三人から、実に心のこもった弔辞をいただいた。それに遺族を代表した私のお礼の挨拶も、父の人生を息子が総括して、まずまずであったらしい。

人の一生を締め括る死の儀式として、父の死がいい教材を与えてくれた。私の理想からすれば、生前葬が好ましい。しかし、生前葬挙行後も、死なずに生きている格好の悪さは耐えられない。

自分で自分の葬式の鑑賞が許されないとすれば、自らの人生の終末におおさ準備を怠らない「葬儀の生前予約」が次善の策のようだ。葬儀の段取り、参会してほしい人のリストの作成など、日頃から心掛けておくべきだ。そういえば、父は大分以前に、長男の私に葬式用の写真を一葉渡しておいてくれた。自分の一番気に入った顔とポーズで参会者を眺め渡してやろうとの魂胆ではなかったかと、祭壇を見てふと思ったことだった。

四、望郷の譜

庄内の地に第二の職を奉じ三年が経とうとしている。秋田に生まれ育った期間の倍以上を、秋田を離れて暮らしているのに、年と共に生まれ故郷へのノスタルジーが強まってくる。父も母も生粋の秋田県人であり、人間形成の大事な時期に秋田の風土と文化から受けた影響の大きさゆえであろうか。秋田での奉職はかなわなかったが、鳥海山の南麓に広がる庄内平野にあることに、知らず知らず安堵《あんど》している。

今振り返ると、東京に出て都市銀行に就職してからも、常に秋田を意識していたように思う。宴席では、東海林太郎の「国境の町」を歌い、座が乱れた頃には「秋田名物、八森はたはた」と秋田音頭を手拍子で始めている。

全国銀行協会という全国百五十行の業界団体がある。そこで毎月、銀行経営幹部を会員とする「銀行倶楽部」という会報を発行している。名誉なことに、その巻頭文「赤れんが」に寄稿を求められたことがある。通常は気のきいた時事評論が多い中で、私は「お国自慢」と題して、文字通り、秋田美人と小野小町の生まれ在所の係《かか》わりから始めて、思い切り秋田への望郷の想いを述べてみた。ちょうどソ連が解体してユーゴなどでの民族対立が始まった頃であったから、地球全体が一つの共存社会（宇宙船地球号）とするグローバリズムと、諸民族の多様な社会と文化について、その差異と共通性を明らかにして各々の文化を尊重し共生化するローカリズムとの止揚を人類の課題とすべしとした結語で、秋田自慢の牽強附会《こじつけ》の矛《ほこ》を収めた。

今の私には、秋田を観る視点が、東京との差異のみならず、隣県山形の差異と共通性の視点が加わって複眼化したように思う。

日本における新しい時代の流れが、「官から民へ、中央から地方へ」と大きく変わろうとしている。東北の、かつ日本海側の一隅が、その純朴で誠実、素早い変化への対応は苦手である分、粘り強いといった特性が、その強味を発揮する時代へと大きく変わってくるのではあるまいか。

秋高三十一年卒業の東京在住同期生が毎年一回、集まっている。互いに盃を交わして久闊を叙した後は、きまって校歌斉唱となる。太平山と雄物川、故郷の山河を偲び、先蹤を追いつつ未来を望み、わが生わが世の天職いかに、秋田の高校一千健児の心意気を今後も発揮したいものである。

五、座右の銘

一隅を照らす。

■年譜

町田睿　略年譜

1938（昭和13）年		2月17日、秋田県千屋村（現美郷町）に父與太郎、母倫子の長男として生まれる
1942（昭和17）	4月	秋田師範学校（現秋田大教育文化学部）付属幼稚園に入園
1944（昭和19）	4	秋田師範学校（現秋田大教育文化学部）付属小学校に入学
1950（昭和25）	4	秋田大付属中学校に入学
1953（昭和28）	4	秋田高校に入学
1958（昭和33）	4	東京大学法学部に入学
1962（昭和37）	4	株式会社富士銀行入行、上野支店に配属
1965（昭和40）	2	田川圭子と結婚
1966（昭和41）	4	本店営業部へ転勤

1969(昭和44)年	10	組合専従執行委員に就任
1970(昭和45)	10	室町支店に配属
1972(昭和47)	7	業務部に配属
1975(昭和50)	4	従業員組合執行委員長に就任
1976(昭和51)	4	業務部に配属
1977(昭和52)	5	虎の門支店の次長に就任
1979(昭和54)	5	信用開発部の部長代理に就任
1981(昭和56)	4	虎の門病院にて胃の摘出手術を受ける
	9	人事部部長代理に異動
1983(昭和58)	7	人事部次長に就任
1984(昭和59)	9	人事部副部長に就任
1988(昭和63)	5	市場開発部長に就任
1989(平成元)	5	総合企画部長に就任

1989（平成元）年6月　取締役総合企画部長に就任
1991（平成3）年5月　代表取締役常務に就任
　一般社団法人全国地方銀行協会の一般委員に就任
1994（平成6）年6月　株式会社荘内銀行の代表取締役副頭取に就任
1995（平成7）年6月　代表取締役頭取に就任
1996（平成8）年7月　一般社団法人日本経済団体連合会の評議委員に就任（平成20年7月まで）
12月　一般社団法人東北経済連合会の理事に就任（平成20年12月まで）
2004（平成16）年12月　学校法人東北公益文科大学の理事に就任（現職）
2006（平成18）年6月　一般社団法人全国地方銀行協会の理事に就任（平成19年6月まで）
2007（平成19）年7月　一般社団法人全国銀行協会の監事に就任（平成20年6月まで）
2008（平成20）年4月　国立学校法人山形大学の経営協議会委員及び学長選考会議委員に就任（現職）

2009（平成21）年 6 株式会社荘内銀行の取締役兼取締役会議長に就任
10 荘内銀行と北都銀行が経営統合し持株会社であるフィデアホールディングスを設立
フィデアホールディングス株式会社の取締役兼取締役会議長に就任（現職）
株式会社北都銀行の取締役会長に就任（現職）

2010（平成22） 4 独立行政法人国立がん研究センターの理事に就任（平成24年3月まで）
6 美郷町美郷大使に就任（現職）
秋田朝日放送株式会社取締役に就任（現職）
12 学校法人ノースアジア大学客員教授に就任

2011（平成23） 4 国立学校法人秋田大学の理事に就任（平成25年3月まで）
6 株式会社荘内銀行の取締役相談役に就任（現職）

2012(平成24)年4 学校法人東北公益文科大学の学長に就任(平成26年4月まで)
6 株式会社フィデア総合研究所の取締役理事長に就任(現職)
2014(平成26) 10 学校法人東北公益文科大学の名誉教授の称号を受ける
11 平成26年秋の叙勲で旭日小綬章を受章

あとがきにかえて

あとがきにかえて

人生には浮き沈みがあるといわれますが、私の場合、一昨年（２０１４年）から昨年にかけて芽出たいことが続きました。まず昨年2月6日に家内と所帯を持ってちょうど50年となり、17日には満77歳（喜寿）を迎えました。43歳の時に胃の全摘手術を受けたので、それから35年も生きながらえたことになります。その間、自分としては波瀾万丈、随分と面白い経験をさせてもらったと思います。そして一昨年秋には叙勲をいただきました。叙勲は銀行員としてお世話になった多くの方々のご支援とご助力の賜物と心から感謝しています。

私の銀行員生活は54年にわたりますが、最初の32年は富士銀行で育てられました。自由闊達な行風の下、実に多才な人材を擁する素晴らしい人間集団で、銀行員としての基礎を学ばせてもらいました。

そして、東北の地方銀行に〝人生第二部〟の職場を与えていただきました。私は秋田で生まれ育ち、東北人であることに誇りを持っていますので、東北が第二の職場だったことは幸運でもありました。その22年間の中で、最初の15年間は山形、そのあと7年が秋田でした。山形は秋田と比べると、秋田が秋田市への一極集中なのに対し、多極分散・切磋琢磨の風があると思いました。また、山形と秋田が奈良・平安の時代から出羽の国として一体だったことにも、不思議な縁を感じました。

奈良・平安の時代、東北は蝦夷《えみし》の地として中央政府から征服の対象とされました。しかし我々東北人は、征夷大将軍・坂上田村麻呂との戦で敗れたアテルイの悲劇や、明治維新に至る戊辰戦争で敗れた東北が「白河以北一山百文」と揶揄されたコンプレックスなどを糧に、我慢強く物事を成し遂げていく力強さを信条にしてきました。

今、地方創生が漸く政治の主要なテーマになりつつある中、文明は周辺から興るという歴史から学ぶとすれば、少子高齢化・人口減少の最も激しい東北から大きな変革が始まっても不思議ではないでしょう。政府も地方創生を大きな政策課題に据えていますが、まずそれぞれの地域が自らの地域資源（人、もの、金、情報、伝統、文化、あらゆる経営資源）をどう活かし、地方創生を具現化するかが問われていると思います。

地球全体に視野を広げても、人類はこれから増大する人口にどう食糧とエネルギーを確保するかが重要な課題となります。我が東北は、豊かな自然に恵まれ、農業と自然エネルギーの適地といえるでしょう。大切なことは、我々自身が知恵を絞り、汗を流して地域資源を活かしていくことです。地方の盛衰と共にある地方銀行は、この地方創生の運動の先頭に立たなければならないと思います。農業の6次産業化や再生可能エネルギー事業への積極的な支援など、既に相応の実績を挙げてはいますが、むしろ「これからが本番」といえるのではないでしょうか。

東日本大震災の傷手にめげず、地道に忍耐強く取り組む東北人の特性を発揮し、これからも共に手を携えて東北創生を目指したいと思います。それが人生第二部でご恩を受けた地域の皆様へのせめてものご恩返しと念じています。

2016年4月

町田　睿

銀行に生き、地域に生きて

定　　価	本体 800円＋税
発 行 日	2016年 4月27日
編集・発行	秋田魁新報社
	〒010-8601 秋田市山王臨海町１－１
	Tel. 018(888)1859
	Fax. 018(863)5353
印刷・製本	秋田活版印刷株式会社

乱丁、落丁はお取り替えします。
ISBN978-4-87020-377-8 c0223 ¥800E